Dieter Paffrath

U8 ERFOLGREICH TRAINIEREN

Das ultimative Handbuch fürs Fußballtraining der F-Jugend

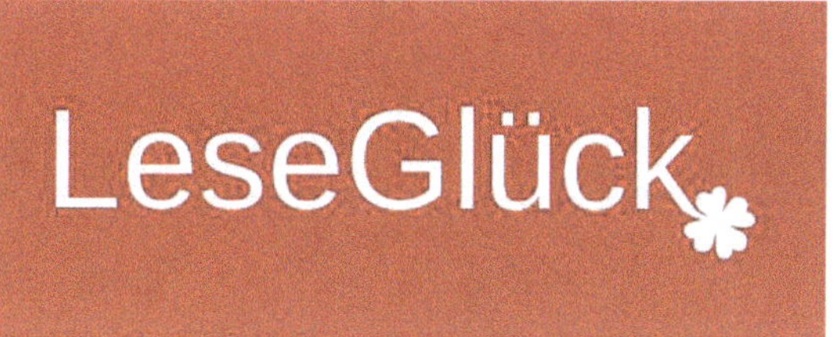

LeseGlück

Inhalt

Ihre Zufriedenheit ist unser Ziel!

Liebe Leser, liebe Leserinnen,

zunächst möchten wir uns herzlich bei Ihnen dafür bedanken, dass Sie dieses Buch erworben haben. Wir sind ein kleines Familienunternehmen aus Duisburg und freuen uns riesig über jeden einzelnen Verkauf!

Vor allem aber möchten wir, dass jedes unserer Bücher Ihnen ein einzigartiges und erfreuliches Leseerlebnis bietet. Daher liegt uns Ihre Meinung ganz besonders am Herzen!

Wir freuen uns über Ihr Feedback zu unserem Buch. Haben Sie Anmerkungen? Kritik? Bitte lassen Sie es uns wissen. Ihre Rückmeldung ist wertvoll für uns, damit wir in Zukunft noch bessere Bücher für Sie machen können.

Schreiben Sie uns: info@ek2-publishing.com

Nun wünschen wir Ihnen ein angenehmes Leseerlebnis!

Moni & Jill von EK-2 Publishing

1. Einführung:

Ich bin seit 29 Jahren Inhaber der Trainer A-Lizenz und darüber hinaus staatlich anerkannter Erzieher. Ich befasse mich seitdem sehr mit der Jugendarbeit im Fußball. Hier habe ich viele Trainingseinheiten kennen gelernt, einige als gut empfunden und einige Trainingseinheiten selbst entwickelt.

DIES MÖCHTE ICH EUCH HIER ZUR VERFÜGUNG STELLEN.

Ich hoffe, dass die dargestellten Übungen gut zu verstehen und leicht umzusetzen sind. Ich wünsche euch damit viel Spaß und Erfolg bei der Trainingsarbeit.

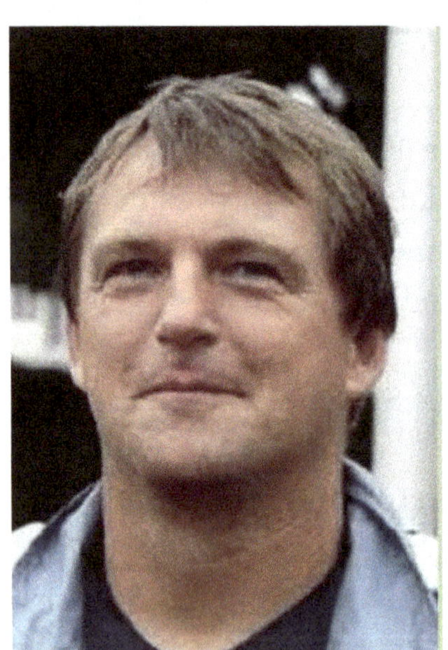

2. Entwicklungspsychologie:

„Ich bin, was ich lerne"

(Zitat: Erik H. Erikson 1902-1994)

Kinder in diesem Alter sind neugierig und wollen zuschauen, beobachten und teilnehmen. Sie wollen, dass man ihnen zeigt, wie sie sich mit etwas beschäftigen und mit anderen Kindern und Erwachsenen zusammenarbeiten können.

Das Bedürfnis eines Kindes, etwas Gutes und Nützliches zu tun, bezeichnet man als „Kompetenz".

Ab diesem Zeitpunkt spielt für Kinder das Gefühl eine große Rolle, an der Welt der Erwachsenen teilnehmen zu können.

Kinder wollen ernst genommen werden, etwas herstellen (z. B. mit einem Ball) und dafür Anerkennung erhalten. Diese soll für viele Erfolgserlebnisse in Form von erzielten Toren und für ihre kognitiven Leistungen erfolgen.

Wichtig ist in dieser Phase die Berücksichtigung einer sehr großen Gefahr:

Ein Kind kann ein Gefühl der Unzulänglichkeit und Minderwertigkeit entwickeln. Dies kann dann passieren, wenn der Werksinn des Kindes durch sich selbst oder seine Umwelt überstrapaziert wird. Die Folgen können Scheitern, Unterschätzung und Ängste vor der Arbeit und vor dem Versagen sein. Eine weitere Folge kann Überkompensation in Form von Arbeits- und Pflichtversessenheit um Anerkennung durch Arbeit und Leistung sein.

Über mich

Mein Name ist Dieter Paffrath und ich bin 64 Jahre alt.

Schon mit 15 Jahren begann ich mit Freude Mannschaften zu trainieren. Ab diesem Zeitpunkt habe ich immer versucht zu lernen.

„Ich bin ein sehr guter Trainer, kann aber jeden Tag dazu lernen“, sagte einst Jürgen Klopp bei einem Podiumsgespräch bei einem BDFL-Gespräch.

Genauso fühle ich mich – immer bereit zu lernen!

Hier ein kurzer Lebenslauf

Geboren am 24.11.1960 in Bonn
Familienstand: geschieden, 3 erwachsene Kinder
Staatsangehörigkeit: deutsch

Stationen als Trainer

Trainer an Schulen in China
Erstligaclub Shenzen, Training der U13
Fußballcamp in Polen
Trainer bei Tammeka Tartu (1. Liga Estland)
Nachwuchskonzept in Pristina, Mitrovica, und Ferizay (im Kosovo), Presova (Serbien), Kumanov und Skopje in Mazedonien
Angebot eines Erstligisten in Senegal
Fußballcamps und AGs an Schulen in Deutschland Sichtungslehrgänge

1992 Erwerb der Trainer-A-Lizenz
1979 Erwerb der Trainer-B-Lizenz
VfL Meckenheim Jugend

Stationen als Spieler

VfL Meckenheim
VfL Rheinbach
Bonner SC

Kreisauswahl (Kreis Bonn mit 80 Vereinen)

Angebot B-Jugend 1. FC Köln Position Mittelfeld

Mittel Rheinauswahl

Hobbies

Interesse an Biathlon und Leichtathletik

Aktiv Triathlon
Fußball

Lieblingsverein

FC Bayern München

Literaturliste

Fußball Training

DFA

Erikson

3. Trainerverhalten:

Passende Förderung in Abhängigkeit von Alter und Spielstärke
Fußballerische Qualität durch ganzheitliche Struktur des Ausbildungsprozesses.

NOTWENDIG:
... ist eine Konzeption mit klar festgelegten und aufeinander aufbauenden Ausbildungsstufen = Orientierungshilfen für alle Trainer.

Trainer 1:

„Nur was trainiert wird, kann im Spiel erwartet werden."

(BDFL Journal November 19) Autor Andre Nalinowski

Leitlinien für Trainer und Betreuer:

Ein Herz für Kinder haben – als Basis von Idealismus und Engagement.
Geschick in der Betreuung von Kindern (Lob, Aufmunterung, Trost, und Ansporn) zeigen.
Positive Werte und Normen (Gerechtigkeit, Fairness Zuverlässigkeit, Selbstkritik, Geduld und Freundlichkeit ...) vorleben.
Feines Gespür für Probleme der jungen Spielerinnen und Spieler zeigen – Lösungsmöglichkeiten anbieten! Spaß und Freude vermitteln, Motivation wecken – eine eigene Begeisterung für das Fußballspielen vorleben.

Trainerwesen:

Ausbildung und Fortbildung.

- Passende Förderung in Abhängigkeit von Alter und Spielstärke
- Fußballerische Qualität durch ganzheitliche Struktur des Ausbildungsprozesses notwendig: Konzeption mit klar festgelegter und aufeinander aufbauender Teamfähigkeit. Ausbildungsstufen = Orientierungshilfe für alle Trainer.

Trainer 2:

Jeder Trainer sollte mit Plan arbeiten.
Dieses Buch bietet Ihnen die Grundlagen für ein gutes Training und genug Übungen, um einen Monats- und Jahresplan zusammenzustellen, bei dem ich Ihnen gerne behilflich bin.

Neben dem Mannschaftsplan, steht jeder Spieler im Mittelpunkt jeder Trainingseinheit. Ich empfehle, die Tests, die ich in diesem Buch vorstelle, alle drei Monate zu wiederholen, um den Erfolg des Trainings nachhalten zu können.
Die Übungen entsprechen allen wichtigen Kompetenzen des jeweiligen Alters. Sie anzuwenden bedeutet das richtige Training zum richtigen Zeitpunkt.
Gespräche unter Trainern sind immer hilfreich. Im kleinen Verein vielleicht nur mit einem Co-Trainer, im anderen Bereich mit dem Trainerteam.

Hier kann man die Leistung eines Spielers besprechen, aber auch Mannschaftsziele festlegen.
Kleine Schritte sollen zum Ziel führen.
Durch die Abschlussspiele oder auch im Wettkampspiel kann man sehen, wie die Spieler sowie die Mannschaft sich entwickeln.

Warm-Up Training

Für die Spieler in den Klassen U6 bis U11 ist das Folgende nicht notwendig:

Aufwärmtraining, bei dem die Muskeln gedehnt und auf größeren Sport vorbereitet werden.
Hier ist ein Eingewöhnungstraining sinnvoll. Übungen in Form von Schüssen aufs Tor sind meiner Meinung nach auch hier nicht sinnvoll. In dieser Zeit können keine größeren Verletzungen entstehen.
Von Bedeutung ist, dass – wie in allen Bereichen – die Grundlagen im frühen Alter gelegt werden.

Übungsform 1: „Nummernkarussel allein“

Organisation
Viereck mit Markierung 10m x 10m.
10 oder 12 Spieler.
Jeder Spieler hat dabei einen Ball.

Ablauf
Die Spieler bewegen sich in diesem Viereck. Sie versuchen selbst, eigene Tricks auszuführen. Auf Zuruf der Zahlen sollen sie die folgenden Übungen durchführen.

Zeit: 20 Minuten

1. Ball mit Sohle stoppen und weiterlaufen.
2. Ball mit Sohle stoppen und zurück. Den Körper wenden und mit Ball weiterlaufen.
3. Bälle stoppen und anderen Ball suchen.
4. Den Ball zwischen den Füßen pendeln, 10 x.
5. Skippings mit oder ohne Ball, 10 x.
6. Den Ball stoppen, den Ball mit Po berühren beim Hochkommen den Körper drehen und in eine andere Richtung laufen.
7. Mit dem Ball im Sprint ein Hütchen umkurven und wieder zurücklaufen.
8. Schnelle Tempos.
9. Anderer Fuß (Beidfüssigkeit)

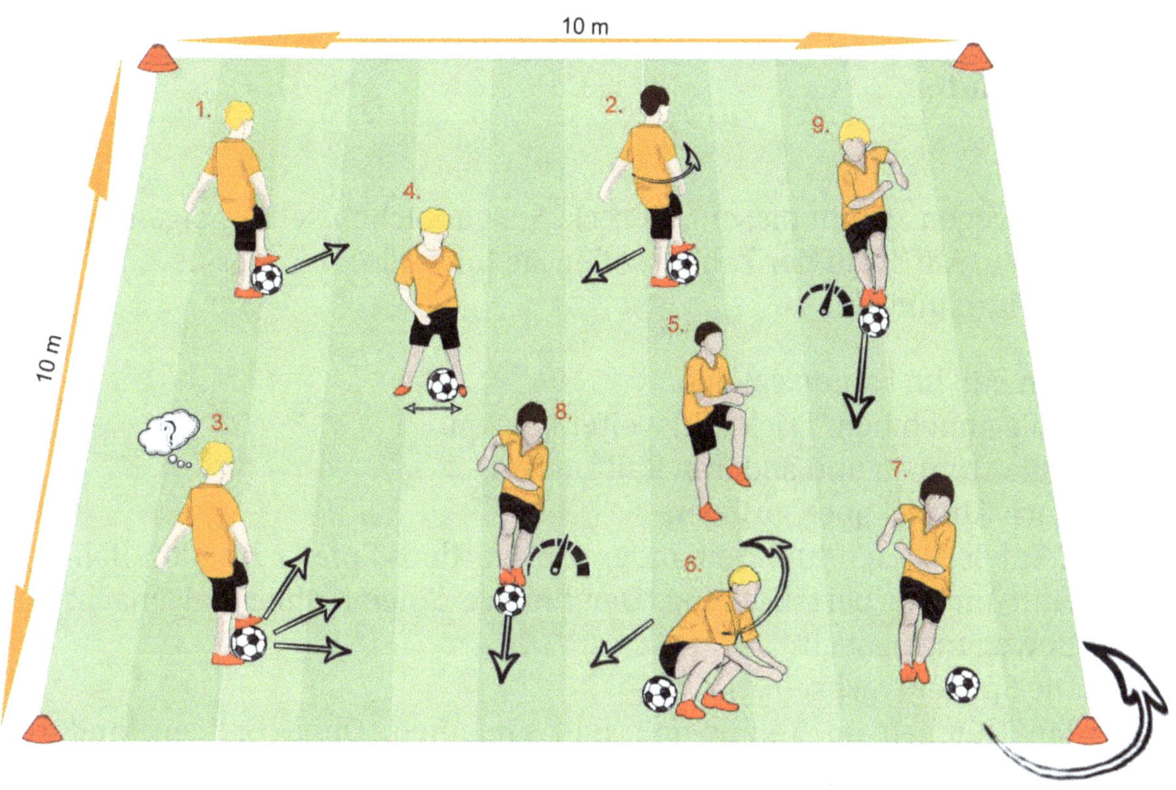

Freie Räume suchen.

Übungsform 2: „Nummernkarussel zu zweit"

Organisation
Viereck mit Markierung 10m x 10m.
10 oder 12 Spieler.
2 Spieler haben 1 Ball.

Zeit: 20 Minuten

Ablauf
Spieler bewegen sich in diesem Viereck. Sie versuchen selber, eigene Tricks auszuführen. Auf Zuruf der Zahlen sollen sie folgende
Übungen durchführen.

1. Den Ball im Laufen spielen.
2. Bälle annehmen, Trick und weiter spielen.
3. Bälle stoppen und anderen Ball suchen.
4. Nach Abspiel hochspringen.
5. 2 Spieler laufen hintereinander. Der vordere Spieler hat den Ball und läuft mit Körpertäuschung. Der hintere Spieler ohne Ball macht die Bewegungen nach.
6. Die Spieler wechseln.
7. Ein Hütchen im Tempo mit Ball umlaufen. Ohne Ball ein anderes Hütchen umlaufen.
8. Nach Abspiel des Balles Sprint.
9. Gegeneinander frontal.
10. Gegeneinander mit Rücken.

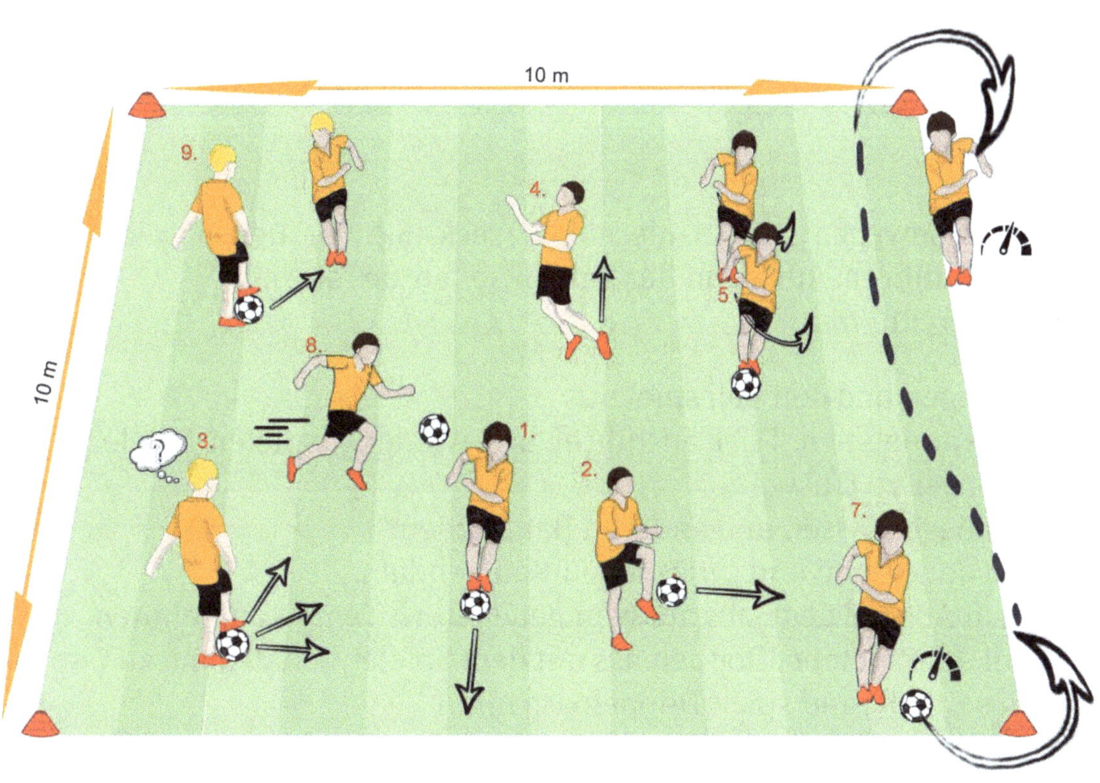
10 m
10 m
9.
4.
5.
8.
3.
1.
2.
7.

Übungsform 3: „Nummernkarussel zu Dritt"

Organisation
Viereck mit Markierung 10m x 10m.
9 oder 12 Spieler.
3 Spieler haben 1 Ball.

Zeit: 20 Minuten

Ablauf
Die Spieler bewegen sich in diesem Viereck. Sie versuchen selbst, eigene Tricks auszuführen. Auf Zuruf der Zahlen sollen sie folgende Übungen durchführen.

1. Bewegen und den Ball spielen.
2. Bälle annehmen. Trick ausführen und wieder anspielen. Spieler A spielt zu B, der zu C usw.
3. Ball liegen lassen und anderen Ball suchen.
4. Ball annehmen und zwischen Füßen pendeln.
5. Nach Abspiel des Balls auf wenigen Metern Tempo aufnehmen.
6. Ball A mit Tempo, Doppelpass mit dem Spieler B, Ball dann zu C spielen. Dieser läuft und spielt Doppelpass mit A.
7. Im Tempo soll ein Spieler mit Ball zwei Spieler ohne Ball umkurven.
8. Zweikämpfe 2 gegen 1.
9. 12 Spieler sollen alle vier Ecken im Tempo umkurven.
10. Zu dritt ein Ball im Zweikampf 1 gegen 2.

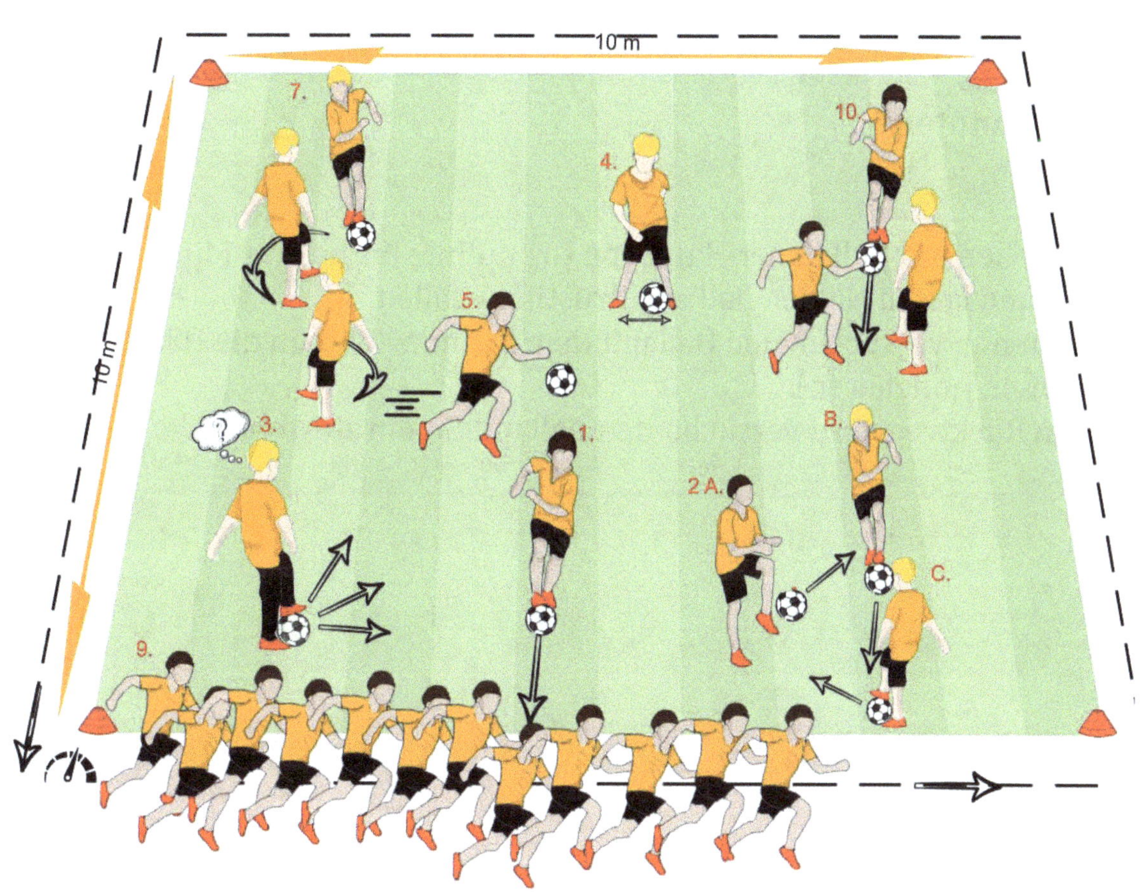
10 m
10 m
7.
10.
4.
5.
3.
1.
2 A.
B.
C.
9.

Übungsform 4: „Jonglieren und Ball stoppen Teil 1"

Organisation
8 bis 12 Spieler auf halbem Platz.
Die Spieler stehen nebeneinander auf der Grundlinie.

Zeit: 15 Minuten

Ablauf
Spieler gehen mit Ball in der Hand von Grundlinie bis hin zur Mittelinie.
Beim Gehen lassen sie den Ball aus Brusthöhe fallen.
Sie sollen nun versuchen den Ball mit dem Spann wieder in die Hände zurück zu schießen (jonglieren).
Auf dem Rückweg wird versucht, den Ball mit Spann zu stoppen.

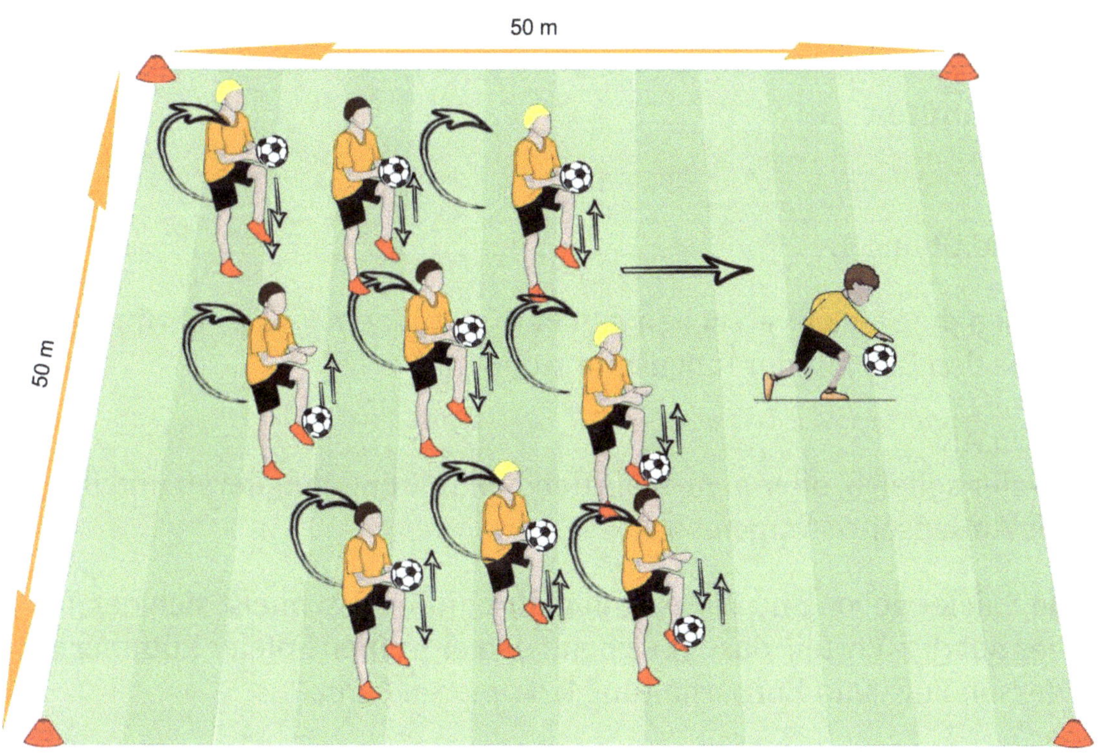
50 m
50 m

Übungsform 5: „Jonglieren und Ball stoppen Teil 2“

Organisation
8 bis 12 Spieler auf halbem Platz.
Spieler stehen nebeneinander auf der Grundlinie.

Zeit: 15 Minuten

Ablauf
Ablauf wie Übung 4.

Jetzt sollen die Spieler versuchen den Ball 2x mit dem Fuß zu berühren. Dann sollen sie den Ball mit der Innenseite stoppen.

Variation A:
Die Spieler sollen 3, oder mehrmals den Ball mit Fuß jonglieren und ihn dann mit der Außenseite stoppen.

Da alle Spieler gehen und diese Übung durchführen, schließt sich der Trainer an. Dies hat den Vorteil, dass er sich um den einzelnen Spieler kümmern kann und dessen Fuß- und Körperhaltung korrigieren kann.

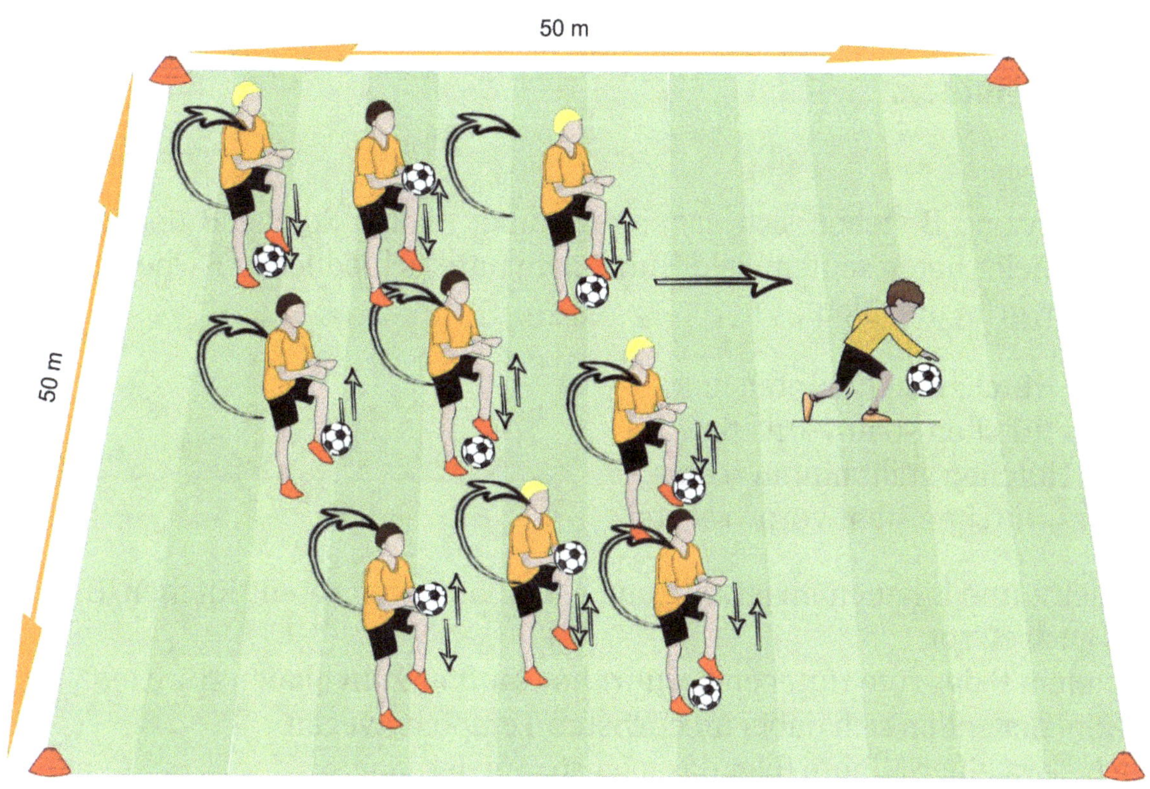
50 m
50 m

Übungsform 6: „Reaktionsspiel"

Organisation
2 Felder.
4m x 4m.
8 Spieler in Zweiergruppen.

Zeit: 12 Minuten.

Ablauf
Spieler A und B stehen sich dabei gegenüber, wobei Spieler B der Chef ist. Jeder Spieler hat in seinem Feld Hütchen in unterschiedlichen Farben stehen: gelb, rot, grün und blau.

Gelbes Hütchen steht hinten links.
Blaues Hütchen steht vorne links.
Rotes Hütchen steht hinten rechts.
Grünes Hütchen steht vorne rechts.

Spieler A und B laufen im jeweiligen Feld. A läuft zum roten Hütchen, B muss nun auch zu rot.
Nachdem B das rote Hütchen berührt hat, läuft er zum blauen Hütchen.
Die Spieler sollen sich dabei im höchsten Tempo bewegen.
Nach etwa einer Minute folgt das nächste Spielerpaar.

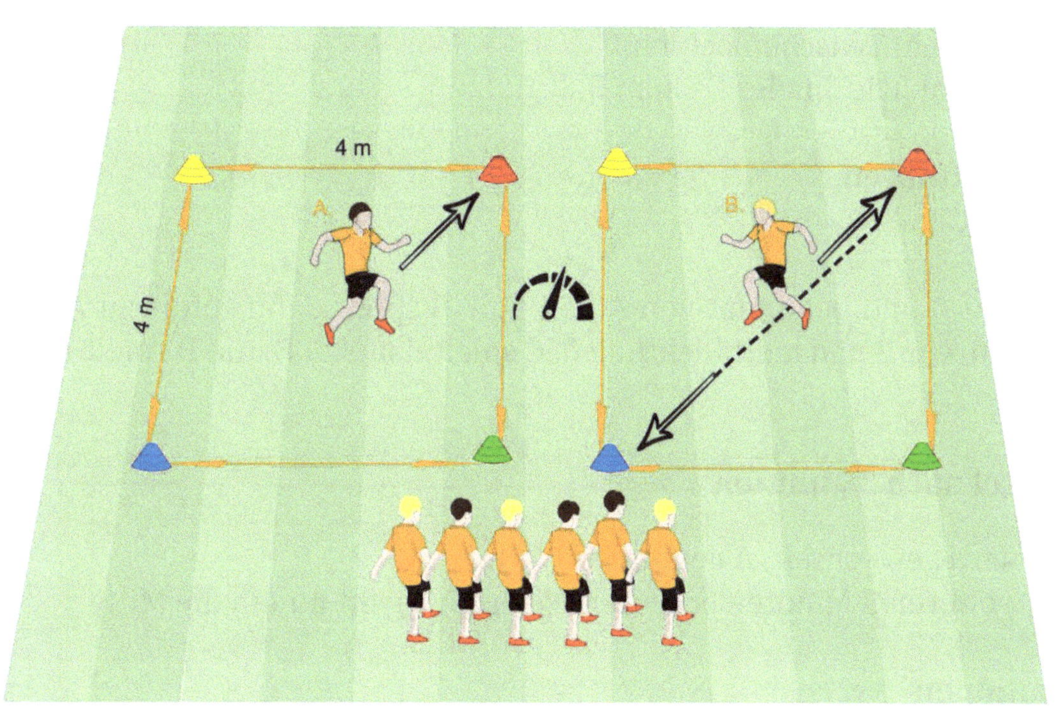
4 m
4 m
A.
B.

Übungsform 7: „Passübung Teil 1“

Organisation
Teams zu je drei Spielern.

Spieler A steht zu Spieler C 15m entfernt.
Spieler B steht zwischen beiden.
Spieler A hat, wie Spieler C einen Ball.

Zeit: 18 Minuten

Ablauf
B läuft zu A und bekommt von A den Ball. B spielt dann sofort zu A zurück. Danach dreht B und läuft Richtung C. C spielt dann zu B und B spielt zurück. Usw.

Wechsel nach 3 Minuten

Dann wird gewechselt: A geht in die Mitte.
Nach weiteren 5 Minuten erneuter Wechsel: C geht nun in die Mitte.

Variationen

A: Mit Innenseite.
B: Mit Spann.
C: Mit anderem Fuß.
D: Mit Außenseite.

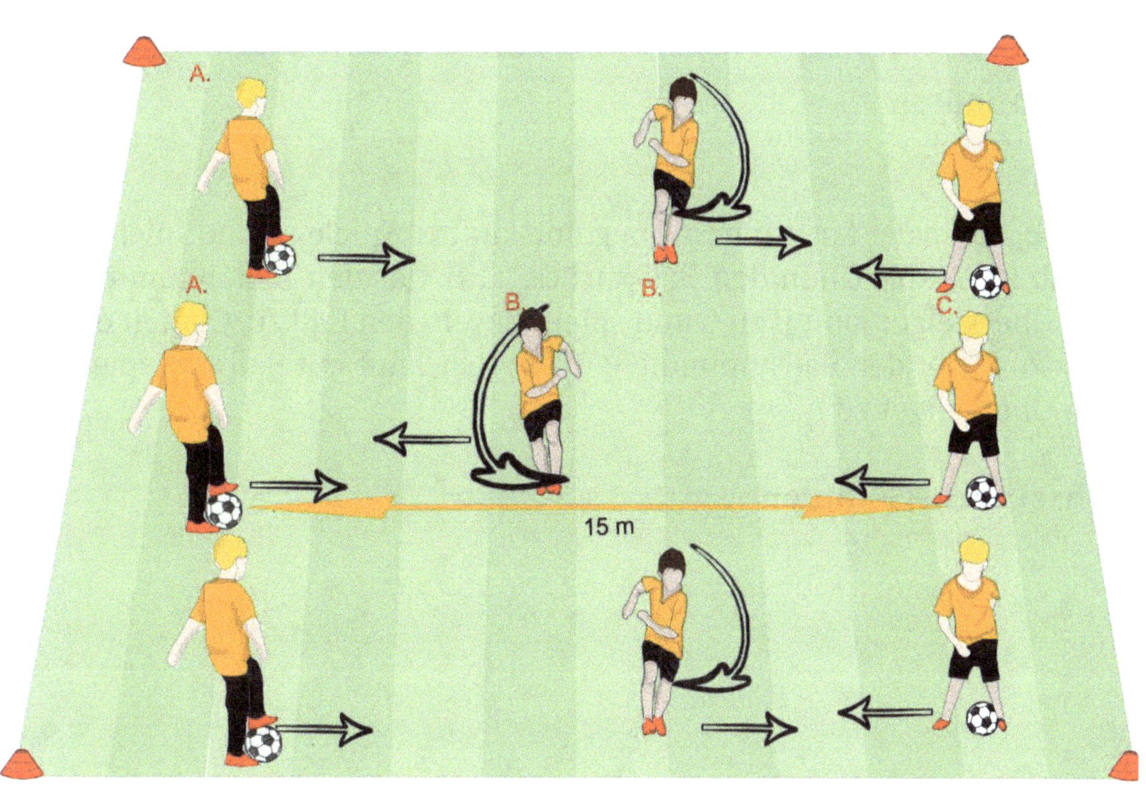
A.
A.
B.
B.
C.
15 m

Übungsform 8: „Passübung Teil 2“

Organisation
3 Spieler: A, B und C.
A und C stehen 15m voneinander entfernt.
B steht zwischen A und C.

Zeit: 18 Minuten

Ablauf
Spieler B, der in der Mitte mit Ball beginnt, läuft zu Spieler A und spielt diesem den Ball zu. A spielt nun den Ball zurück zu B, der den Ball annimmt. Nach einem Übersteiger läuft B zu C und spielt diesem den Ball zu. C spielt den Ball zurück zu B, der den Ball annimmt. B dreht sich, läuft mit Ball und spielt nach einem Übersteiger zu A.

Wechsel nach 3 Minuten

Usw.

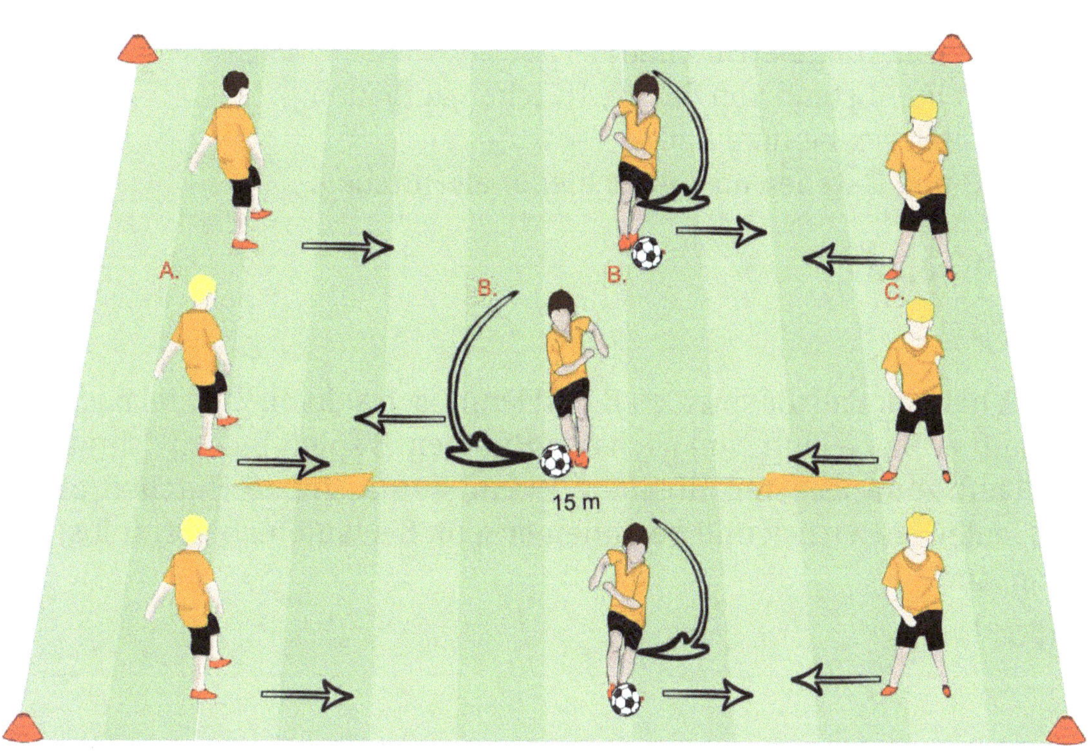
A.
B.
B.
C.
15 m

Übungsform 9: „Rotieren Teil 1"

„Wurm 1"

(Die Bezeichnung „Wurm" kommt vom Bewegungsablauf)

Organisation
Mit roten Markierungen (Hütchen).
Im Zickzack im Abstand von 8m die Hütchen aufbauen.
Jeweils 3 Spieler mit einem Ball.
Spieler A, B und C stehen an 3 verschiedenen Hütchen.

Zeit: 20 Minuten

Ablauf
Spieler A hat den Ball. Er spielt zu B und läuft nach seinem Zuspiel nach. Dann hinterläuft er B und läuft zum nächsten Hütchen. B spielt Ball zu C, hinterläuft C und läuft zum nächsten Hütchen. Wenn sie das letzte Hütchen erreicht haben, laufen sie zurück und beginnen erneut. Sie laufen aber erst los, wenn sie dran sind.

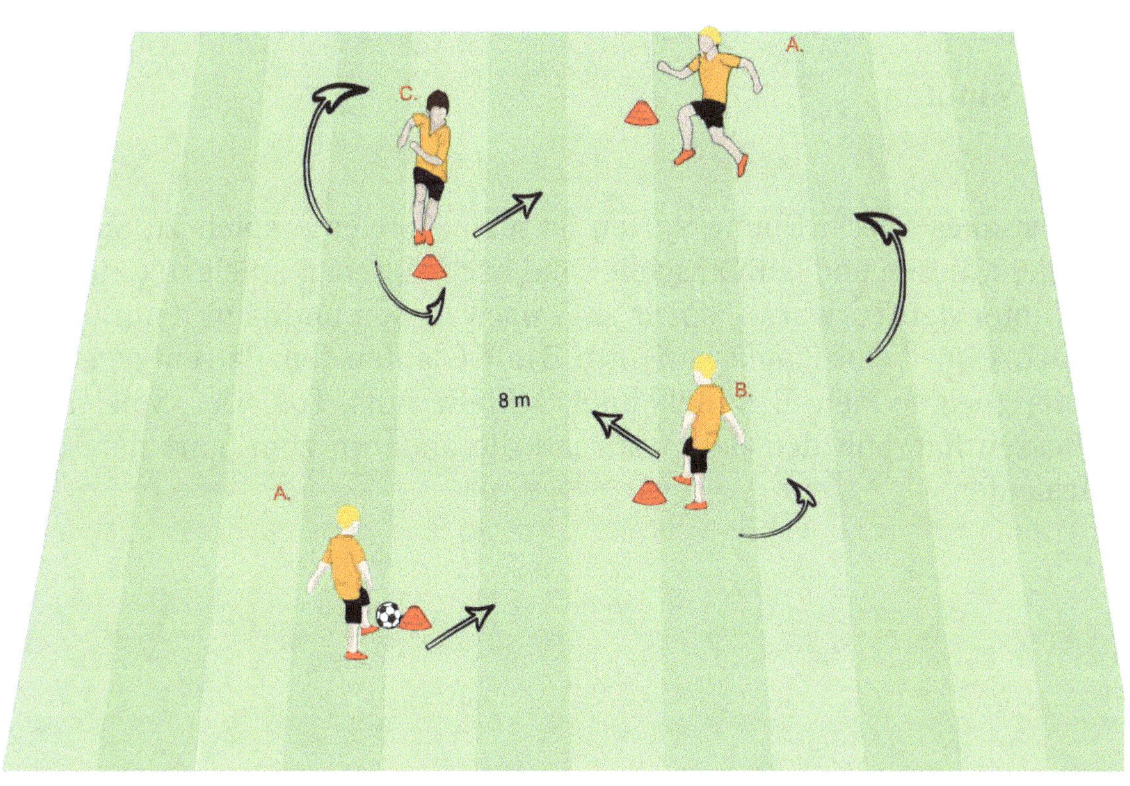
A.
C.
8 m
B.
A.

Übungsform 10: „Rotieren Teil 2“

„Wurm 2“

Organisation

Diese Übungsform läuft ähnlich der Übungsform 9. Eingebunden wird jetzt ein Tor mit Torwart.

Zeit: 20 Minuten

Ablauf

Zunächst alles wie in Übung 9. Neu ist jetzt: Spieler A spielt zu Spieler B, hinterläuft diesen und läuft anschließend nach außen. B spielt zu C und läuft dann hinter den Torwart. C spielt zu A nach Außen und läuft dann vor den Torwart. A spielt eine Flanke zur Mitte, B und C laufen dem Ball entgegen. Wer von den beiden den Ball bekommt schießt aufs Tor. Der Spieler, der geschossen hat, holt den Ball, während die anderen zum Start der Übung zurücklaufen.

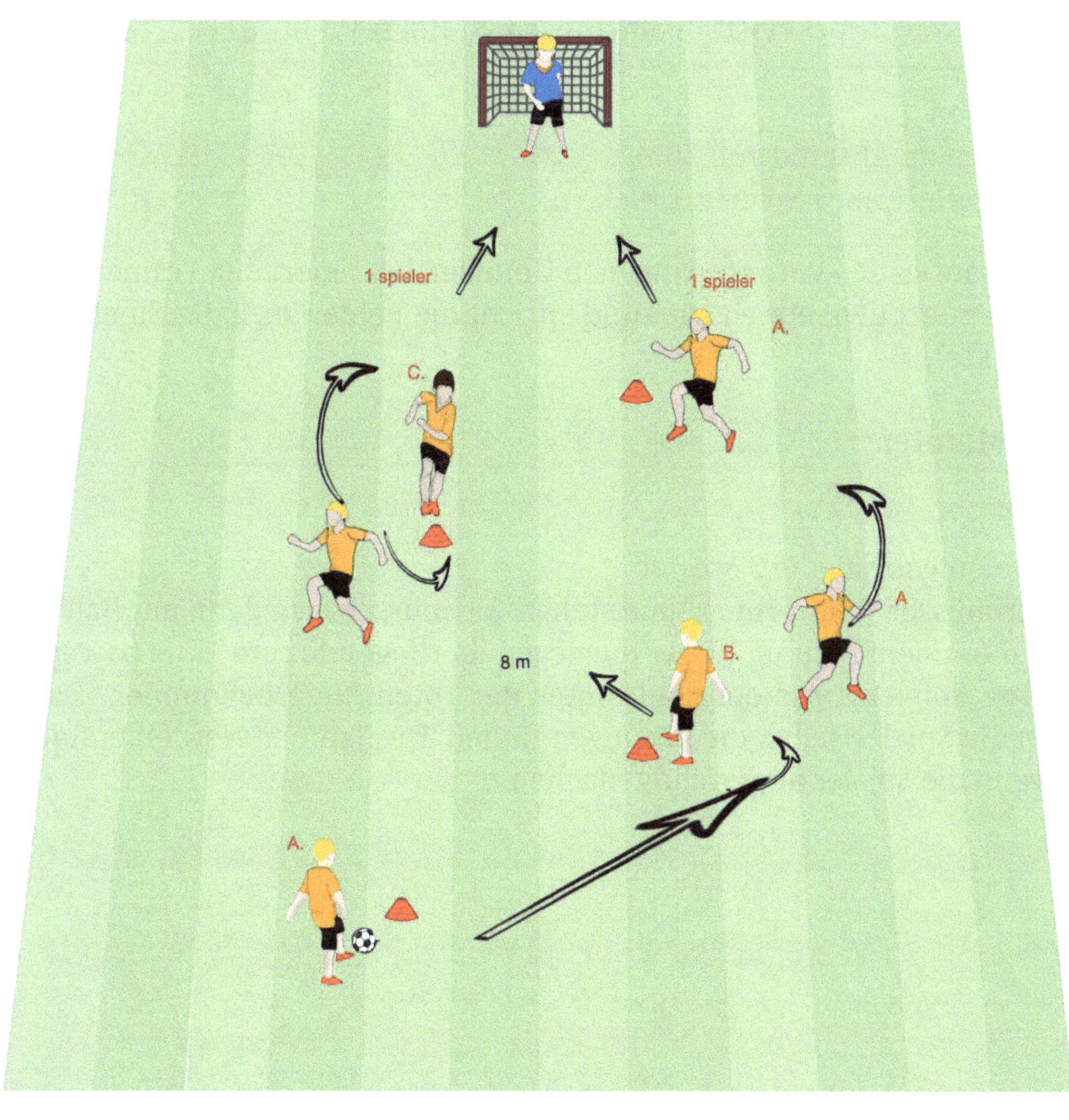

1 spieler
1 spieler
A.
C.
A
B.
8 m
A.

Übungsform 11: „Kombination selbst finden Teil 1"

„Wein 1"

(Bekannt durch einen der früheren Trainer der deutschen Hockeynationalmannschaft, Horst Wein)

Organisation
2 rote Linien im Abstand von 10m.
Spielfeldbreite 15m. 3 Spieler, 1 Ball.

Im Gegensatz zu den vorangegangenen Übungen korrigiert der Trainer nicht. Er kommentiert den letzten Lauf und spricht die Fehler an, z. B. „Spieler A 2 Ballkontakte".

Zeit: 15 Minuten

Ablauf
Folgende Aufgabe an die 3 Spieler:
2 Spieler müssen hinter roter Linie stehen. Sie müssen sich dann mit Ball und jeweils nur einem Kontakt hinter die gegenüberliegende rote Linie bewegen. Der dritte Spieler muss den Ball hinter der roten Linie bekommen. Dabei müssen die Spieler selbst die Lösungen finden. Die Trainer werden erstaunt sein, wenn die Spieler alles richtig machen.

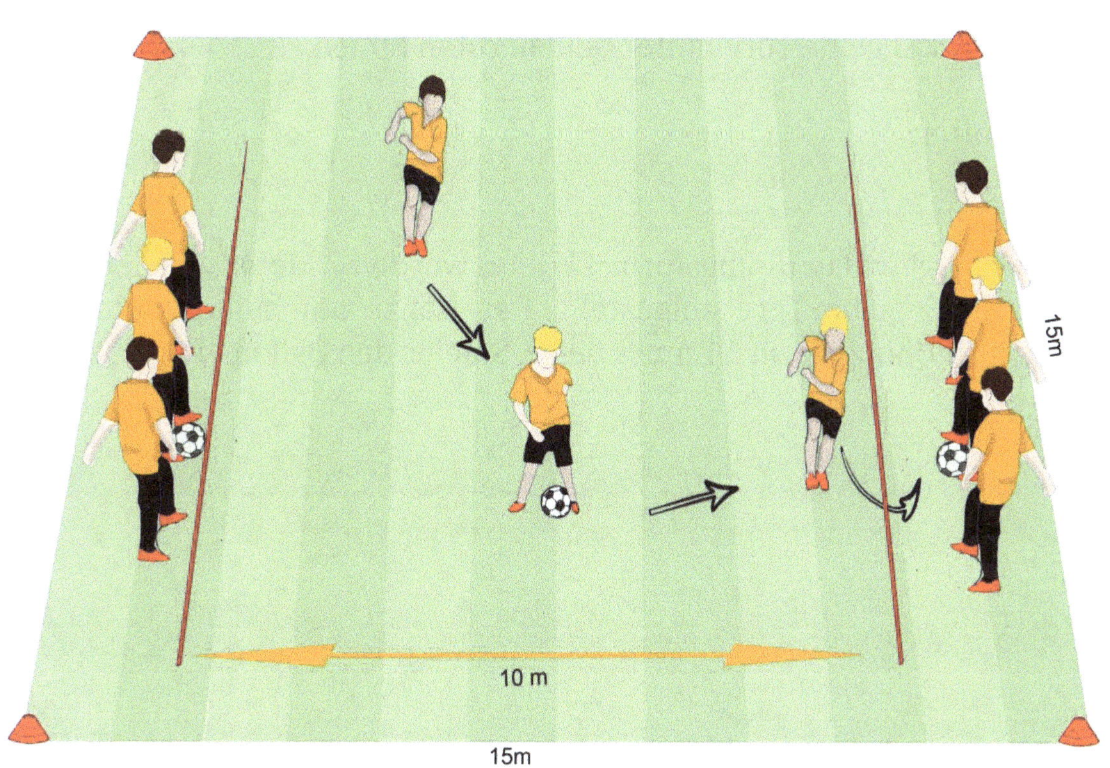
15m
10 m
15m

Übungsform 12: „Kombination selbst finden Teil 2“

„Wein 2“

Organisation
Wie in Übung 11. 3 gelbe Tore hinter beiden roten Linien.

Zeit: 20 Minuten

Ablauf
Der Ablauf erfolgt wie in Übungsform 11. Jetzt werden 2 Meter von der roten Linie entfernt 3 gelbe Tore aufgestellt. Das Ganze auf beiden Seiten. In Abänderung zu Übungsform 11 muss der 3. Spieler den Ball in ein gelbes Tor schießen.

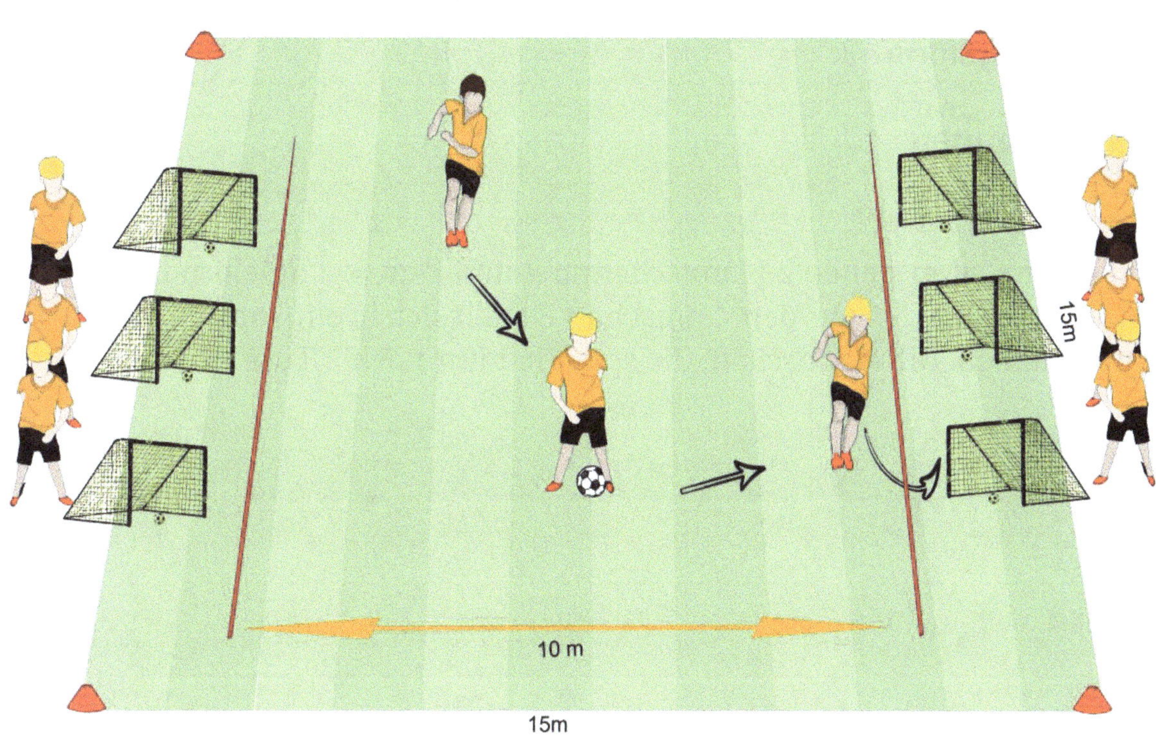

15m
10 m
15m

Übungsform 13: „Kombination selbst finden Teil 3“

„Wein 3“

Organisation
Wie in Übungsform 12.

Zeit: 20 Minuten

Ablauf
Auf beiden Seiten stehen 2 Mannschaften A und B zu je 3 Spielern hinter den gelben Toren. Ein Spieler der Mannschaft B stellt sich in ein Tor und muss dort stehen bleiben. Die Mannschaft, die spielt hat nur noch 2 Tore.

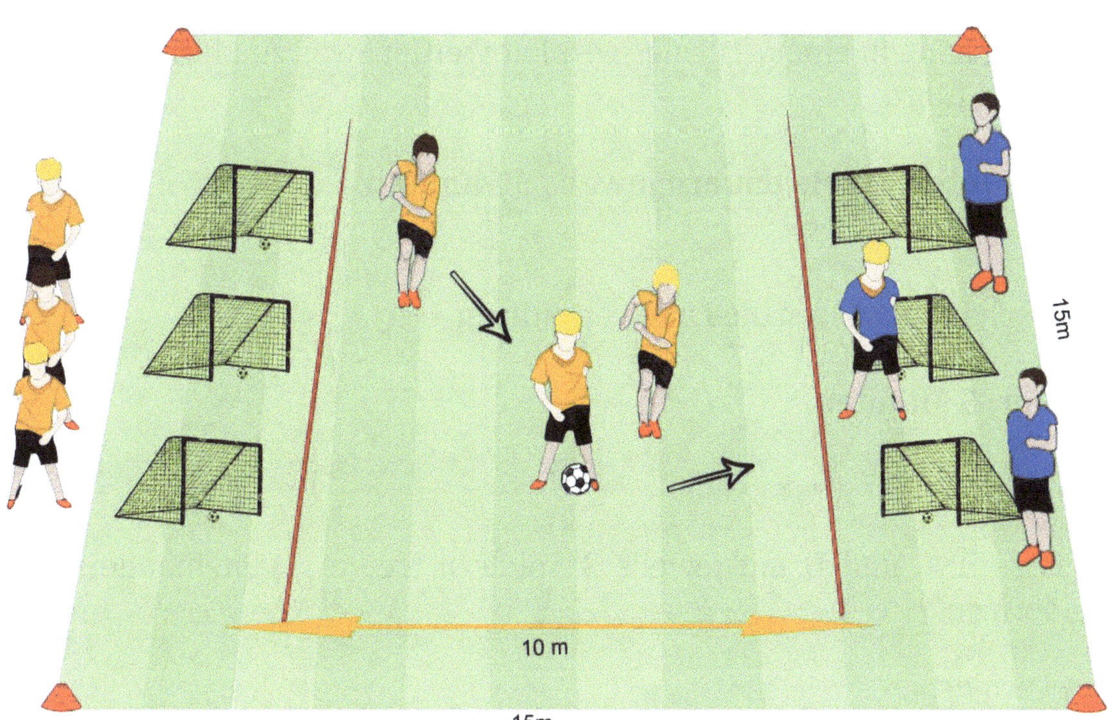
15m
10 m
15m

Übungsform 14: „Drei gegen Drei Teil 1“

„Kleine Spiele“

Organisation
2 Mannschaften zu jeweils 3 Spieler.
Spielfeldgröße 10m x 10m.
Diese Übung kann in einem Turnier gespielt werden, was zu Motivation und Begeisterung führt.

Zeit: 30 Minuten, Spiele dauern jeweils 5 Minuten.

Ablauf
Die Mannschaften müssen die Linie verteidigen.

Spieldauer: 5 Minuten.

3 gegen 3.

4 Teams A, B, C und D mit jeweils 3 Spielern treten gegeneinander in 2 Spielfeldern an.

Kinder-Turnier:
A - C
B - D
A - B
C - D
A - D
C - B

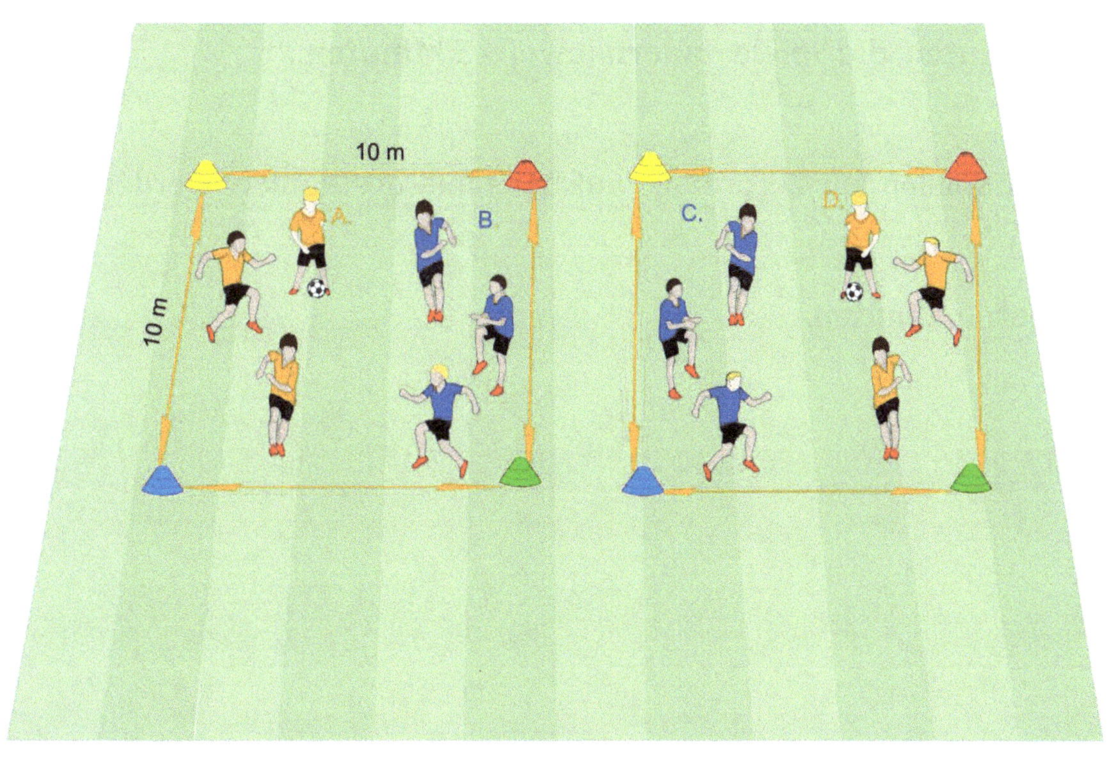
10 m
10 m
A.
B
C.
D.

Übungsform 15: „Drei gegen Drei Teil 2“

„Kleine Spiele“

Organisation
Wie bei Übungsform 14. 2 Tore jeweils auf den Linien.

Zeit: 30 Minuten, die Spiele dauern jeweils 5 Minuten.

Ablauf
Die Spieler spielen auf 2 Tore, die auf der Linie positioniert werden. Kein Torwart.

Spieldauer: 5 Minuten

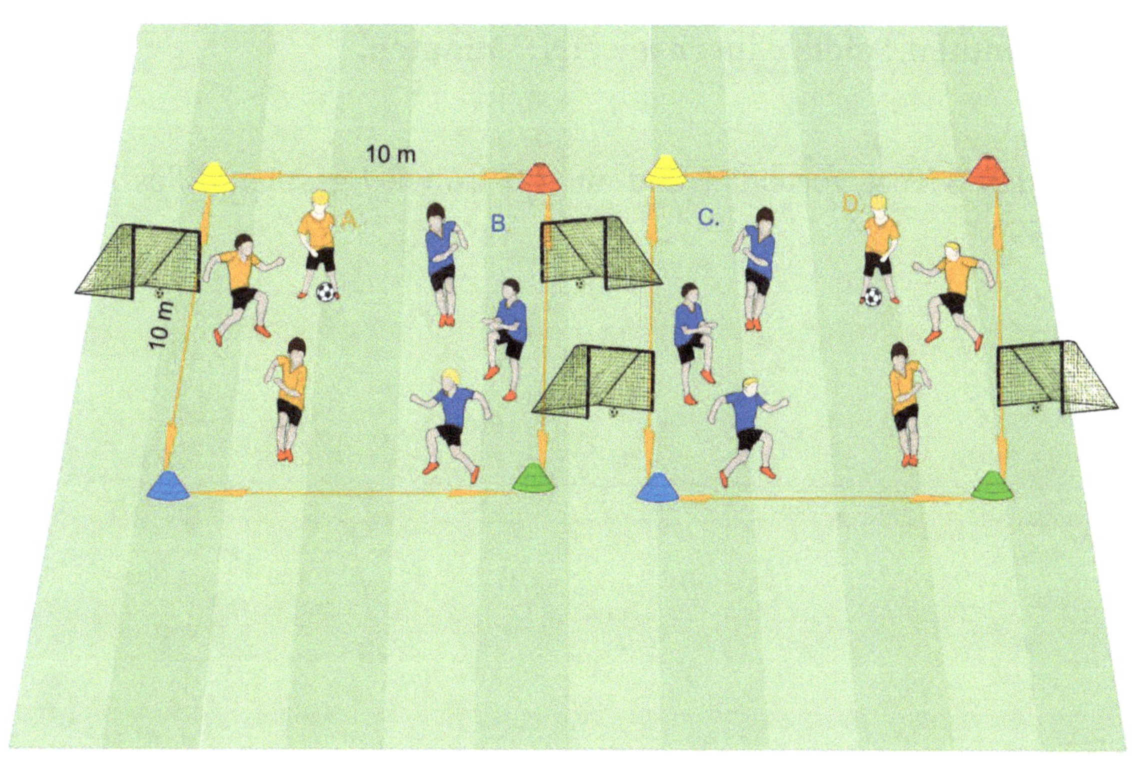
10 m
10 m
A.
B.
C.
D.

Übungsform 16: „Drei gegen Drei Teil 3“

„Kleine Spiele“

Organisation

Wie bei Übung 14. Jeweils 3 Tore auf den Linien.

Zeit: 30 Minuten, Spiele dauern jeweils 5 Minuten.

Ablauf

Jetzt werden 3 Tore verteidigt und auf 3 Tore wird gespielt. Alles Andere bleibt gleich.

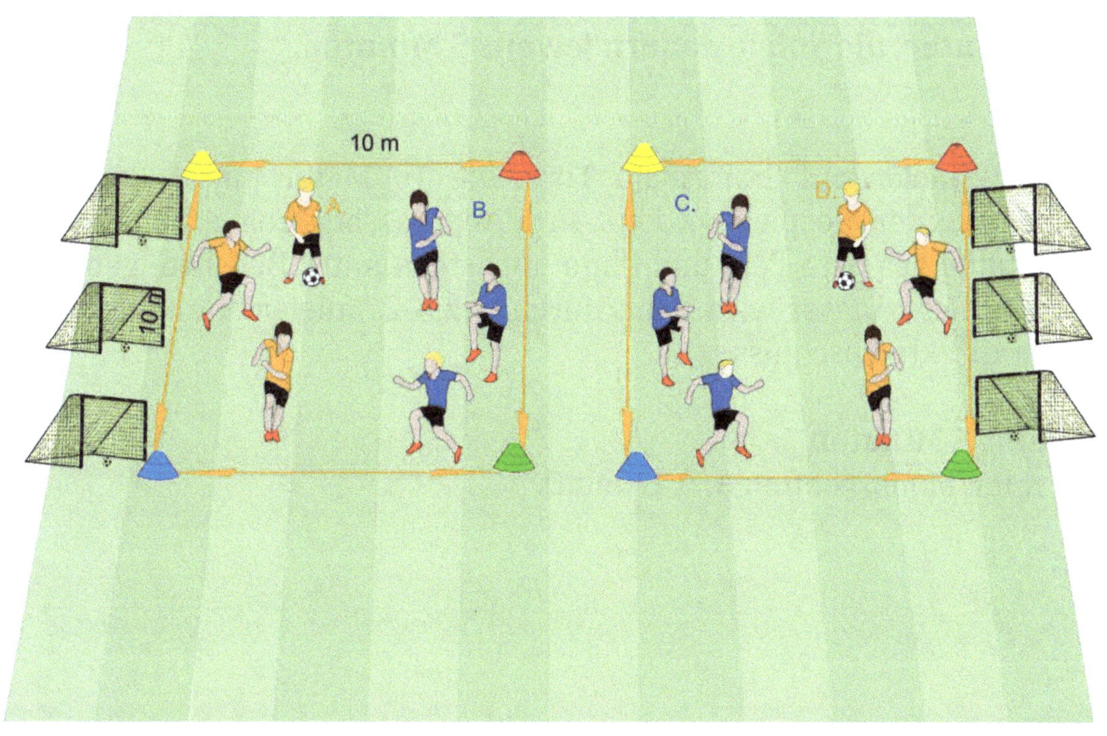
10 m
10 m
A
B
C.
D.

Übungsform 17: „Drei gegen Drei Teil 4“

„Kleine Spiele“

Organisation
Wie bei Übungsform 14.

Zeit: 30 Minuten, die Spiele dauern jeweils 5 Minuten.

Ablauf
Die Spieler spielen auf 2 normale Tore, die 10 Meter hinter der Linie positioniert werden. Gespielt wird mit Torhüter. Geschossen werden darf nur nach Dribbling aus dem Feld und dann höchstens mit 2 Berührungen oder durch einen Pass. Dieser wird dann durch einen 2. Spieler erlaufen und es erfolgt der direkte Abschluss.

Spieldauer: 5 Minuten
Turnier mit 4 Mannschaften A, B, C und D.

3 gegen 3.

A - B
C - D
A - C
B - D
A - D
C - B

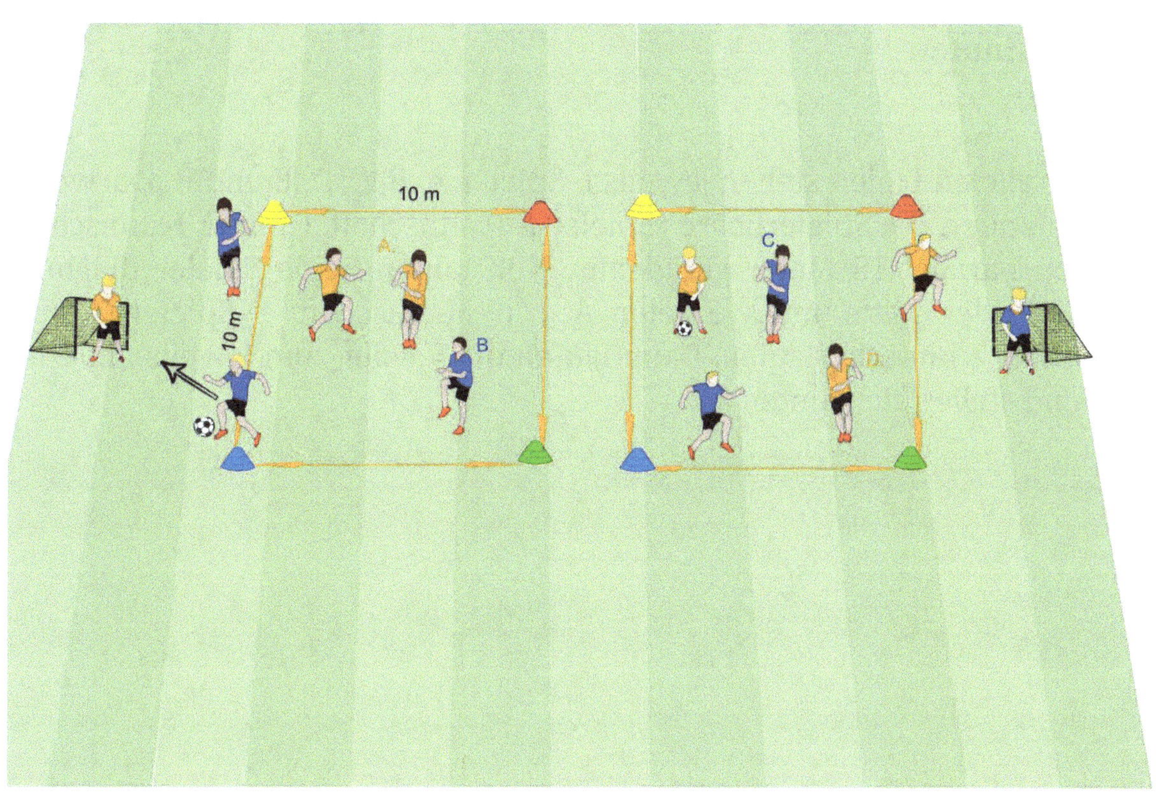

10 m
10 m
A.
B
C
D.

Übungsform 18: „Koordinatives Laufen Teil 1"

Organisation
12 Spieler, 2 Mannschaften 1 und 2 mit jeweils 6 Spielern. Spielfeld 15m x 15m.

Zeit: 20 Minuten

Ablauf
Auf 2 parallelen Linien stehen jeweils 6 Spieler A, B, C, D, E und F paarweise hintereinander. Die Spielerpaare (Spieler A Mannschaft 1 und A Mannschaft 2) laufen parallel 15 Meter geradeaus. Nun laufen beide Spieler diagonal zurück. In der Mitte muss Spieler A von Mannschaft 1 Spieler A von Mannschaft 2 hinterherlaufen. Dann laufen die Spieler zum jeweils anderen Team und stellen sich hinten an.

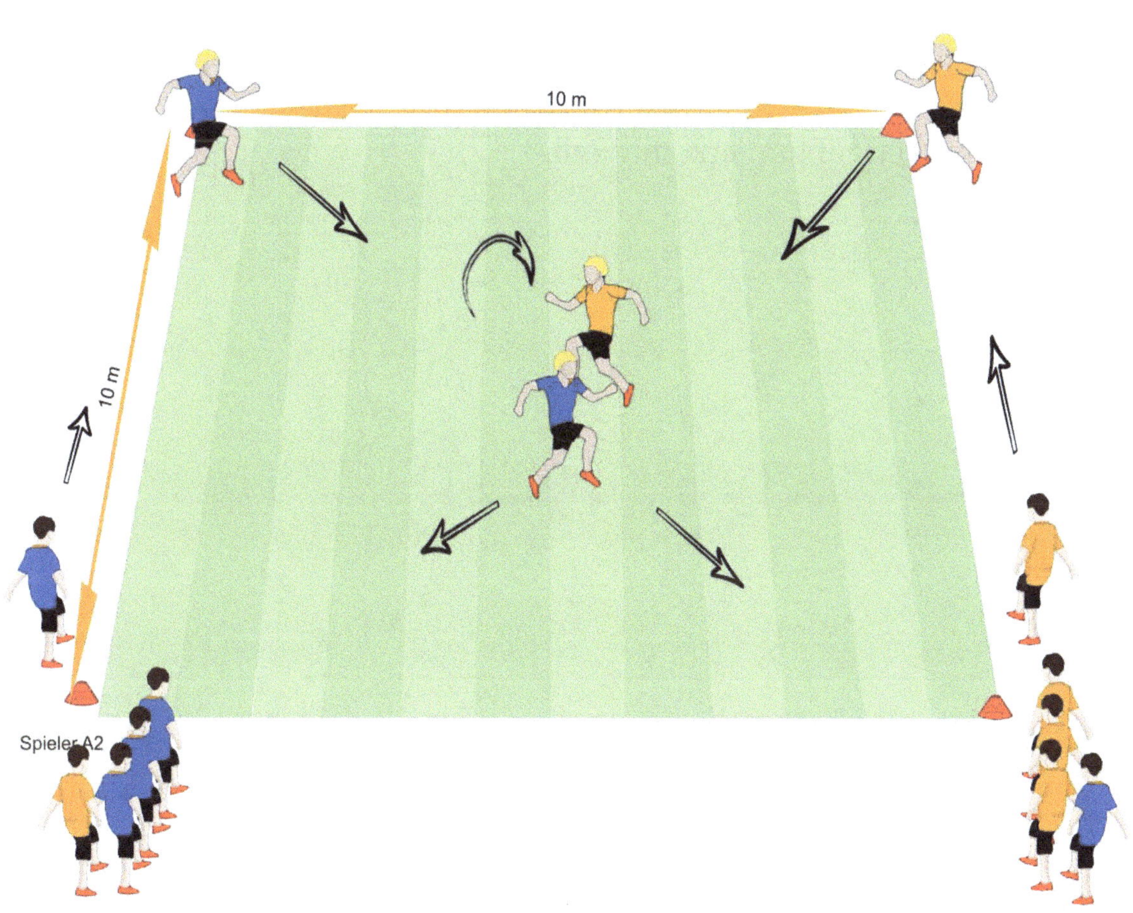
10 m
10 m
Spieler A2

Übungsform 19: „Koordinatives Laufen Teil 2“

Organisation
Wie in Übung 18. Jeder Spieler hat jetzt einen Ball.

Zeit: 20 Minuten

Ablauf
Selber Trainingsverlauf nur jetzt mit Ball.

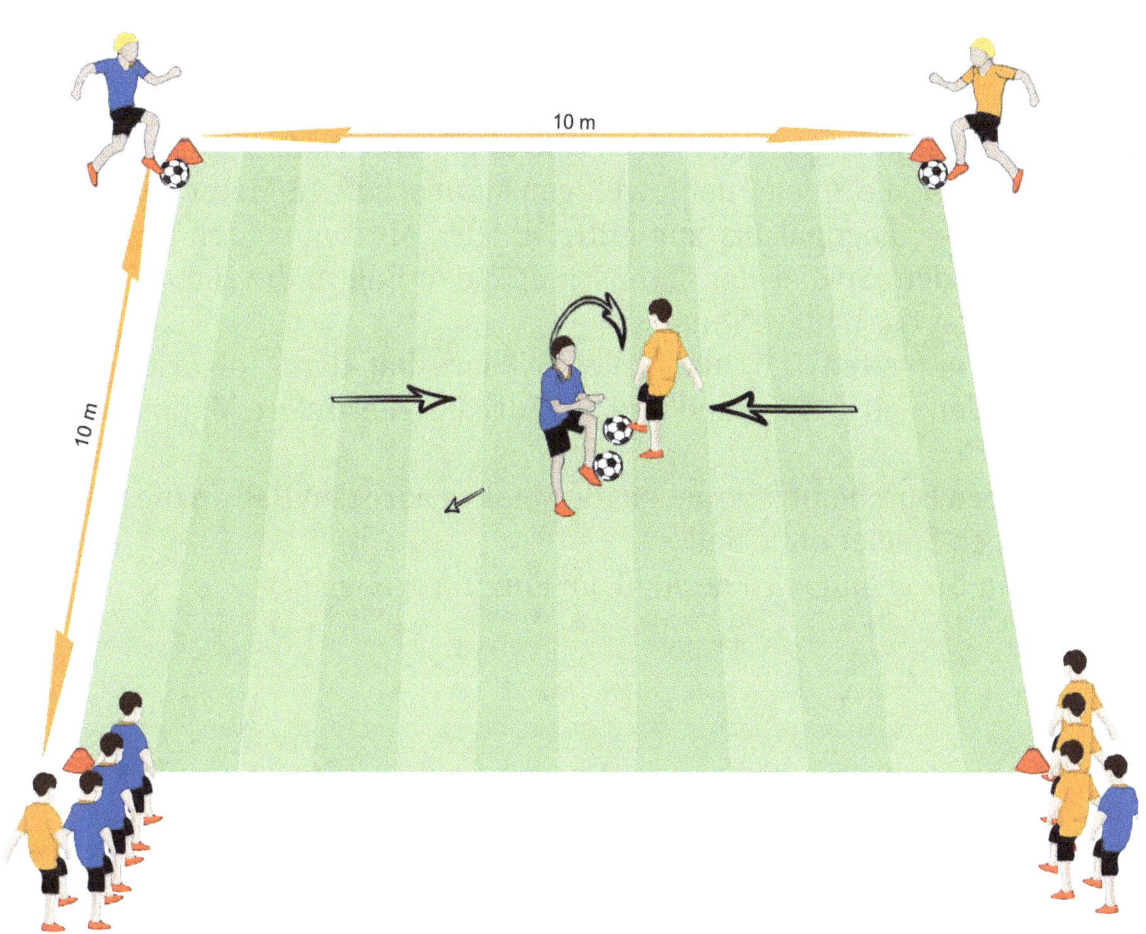
10 m
10 m

Übungsform 20: „Koordinatives Laufen Teil 3“

Organisation
Wie in Übung 19. Jeder Spieler hat jetzt einen Ball.

Zeit: 20 Minuten

Ablauf
Mannschaft 1 hat jetzt den Ball in der Hand und Mannschaft 2 hat ihn am Fuß.
Paarweise laufen die Spieler der jeweiligen Mannschaft 15 Meter geradeaus.
Sie laufen dann diagonal bis zur Mitte. In der Mitte gibt der Spieler der Mannschaft 1 dem Spieler der Mannschaft 2 den Ball in die Hand und läuft ohne Ball hinter das andere Team.
Nach dem kompletten Durchlauf aller 6 Paare hat dann folgerichtig eine Mannschaft den Ball in der Hand und am Fuß und die andere Mannschaft gar keinen Ball.
Beim nächsten Durchlauf übergeben die Spielerpaare den Ball an die Hand an den jeweiligen Spieler ohne Ball.
Beim dritten Durchlauf wird der Ball am Fuß übergeben.

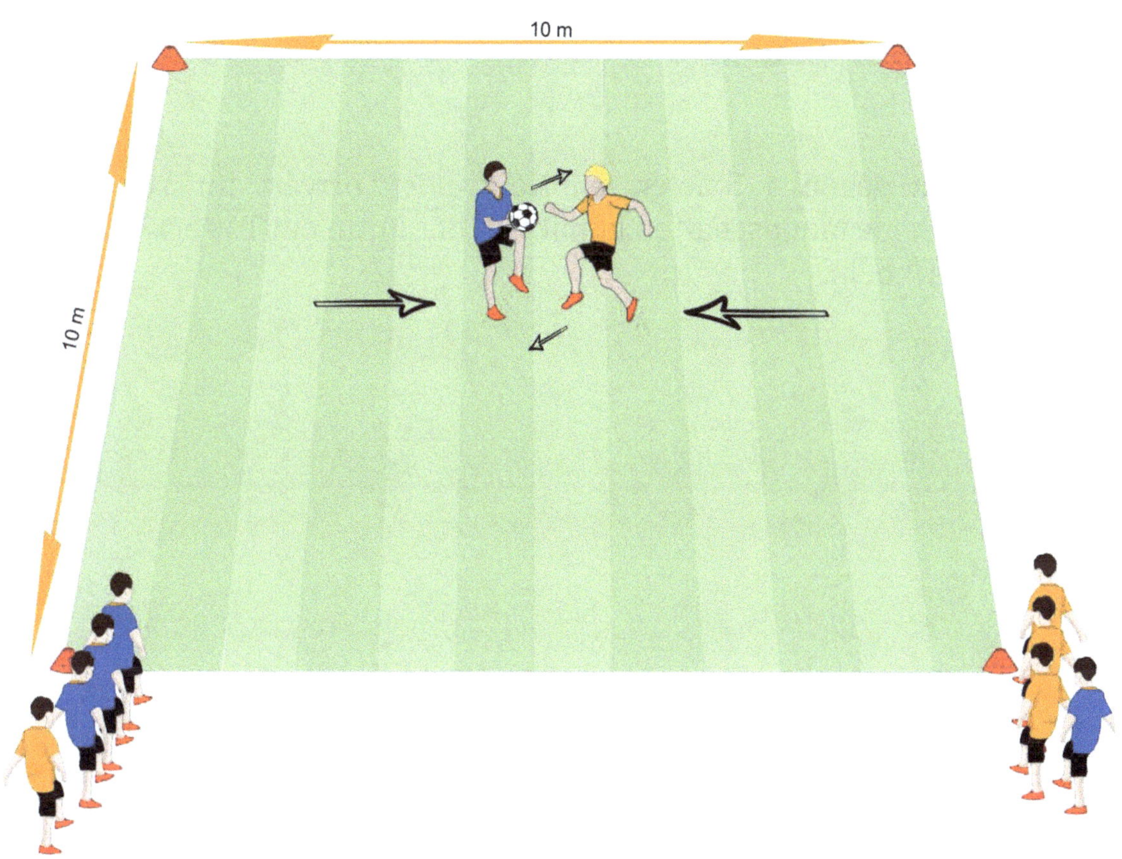
10 m
10 m

Übungsform 21: „Umschaltspiel"

Organisation
Spielfeldgröße 20m x 15m. 2 Mannschaften 1 und 2 zu jeweils 4 Spielern A, B, C und D.

Zeit: Wechsel alle 5 Minuten

Ablauf
4 Spieler treten gegen 4 Spieler an. Neutraler Torwart im Tor in der Spielfeldmitte. Beide Mannschaften können in der Mitte ein Tor erzielen oder die Linie überdribbeln.

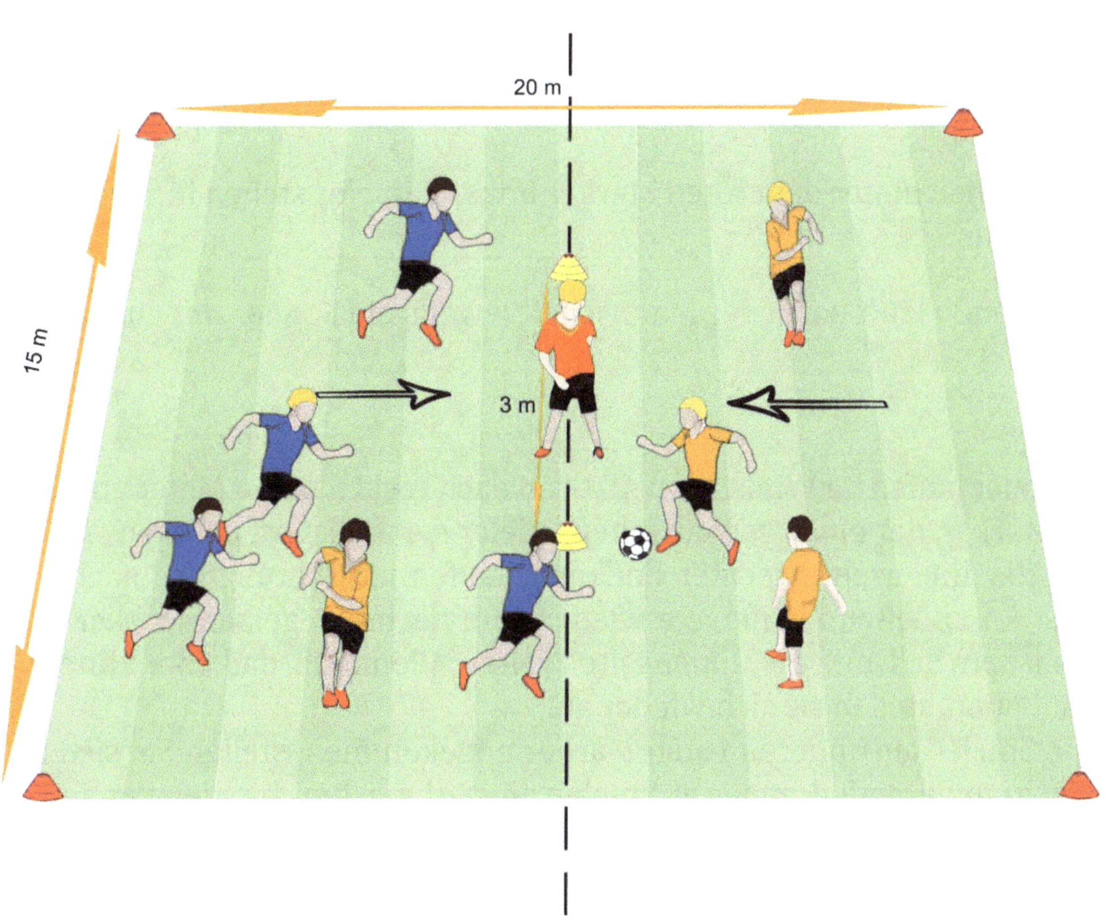
20 m
15 m
3 m

Übungsform 22: „Zickzack Teil 1"

Organisation
8 bis 12 gelbe Markierung im Abstand von 5 Metern und 45 Grad aufbauen. 2 rote Markierungen jeweils an Start und Ende. 12 Spieler.

Zeit: 20 Minuten

Ablauf
6 Spieler stehen hinter dem roten Marker links, 6 Spieler stehen hinter rotem Marker rechts.

Auf Kommando läuft von jeder Mannschaft jeweils ein Spieler mit einem Ball los.

Aufgabe
Beide Spieler laufen im Winkel von 45 Grad nach rechts. Einen Meter vor dem gelbem Marker, der einen gegnerischen Spieler symbolisiert, nehmen sie den Ball mit der Innenseite (rechter Fuß) und laufen in Richtung des nächsten Markers. Anschließend laufen sie wieder zum nächsten gelben Marker und bewegen den Ball mit der Innenseite weiter. Wenn sie das rote Hütchen erreicht haben, stellen sie sich wieder an.
Sind die Spieler am anderen roten Marker angekommen, stellen Sie sich bei dem noch anwesenden anderen Spieler an und warten, bis der vor ihnen startende Spieler am 3. Marker ankommt. So laufen alle Spieler eine Runde. Wenn sie 3 Runden gelaufen sind, erklärt der Trainer ihnen eine neue Übung.

a) Innenseite
b) Außenseite
c) Übersteiger

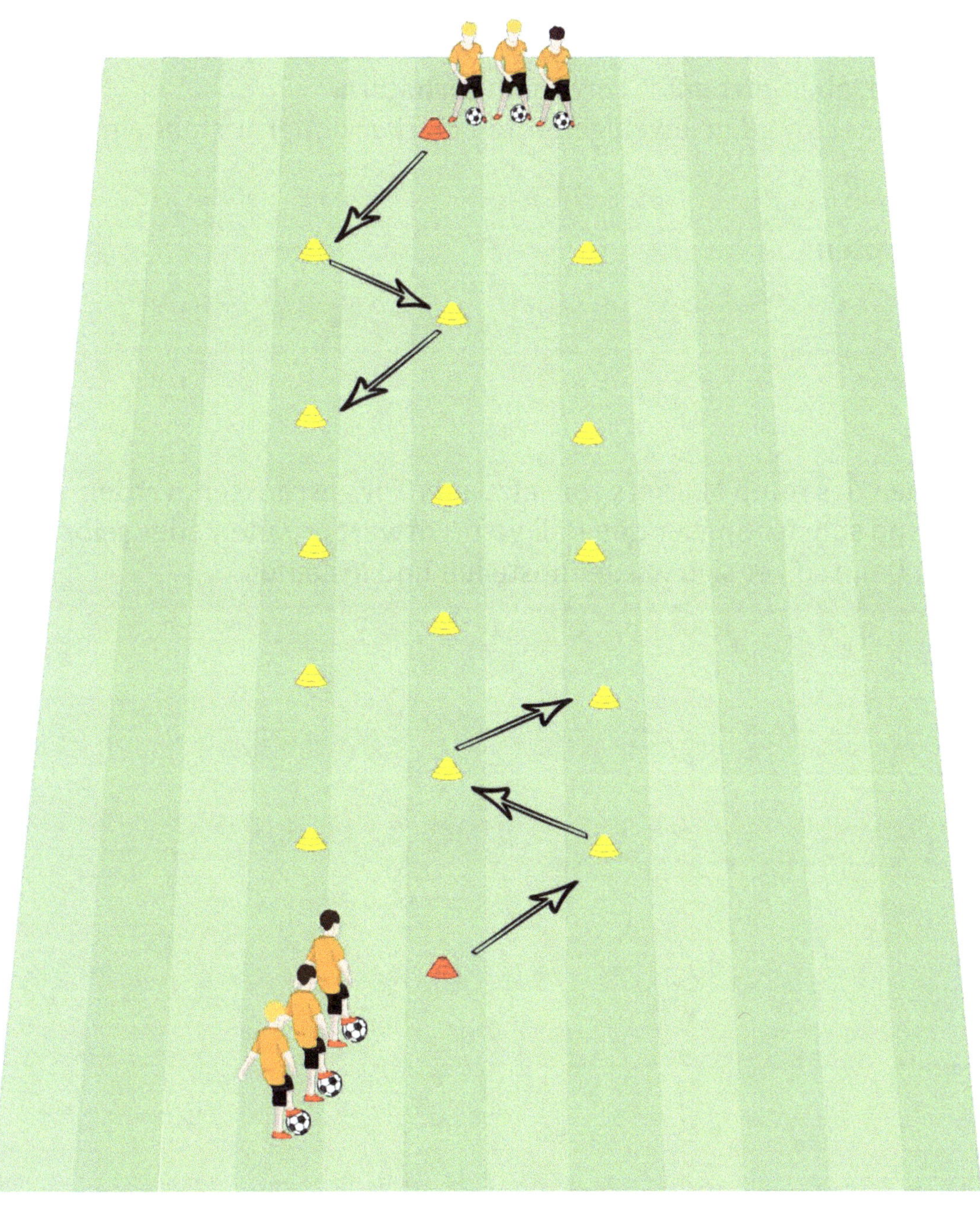

Übungsform 23: „Zickzack Teil 2“

Organisation
Wie Übung 21, aber jetzt mit 2 Toren mit Torhütern.
Jeweils 10 Meter von den jeweiligen roten Marker entfernt steht ein Tor mit Torhüter.

Zeit: 20 Minuten

Ablauf
Wie Übung 22.

Aufgabe
Bei Erreichen des roten Markers soll jetzt aufs Tor geschossen werden. Anschließend soll der Spieler den Ball vom Torwart erhalten oder selbst den Ball holen. Dann soll er sich wieder anstellen und loslaufen.

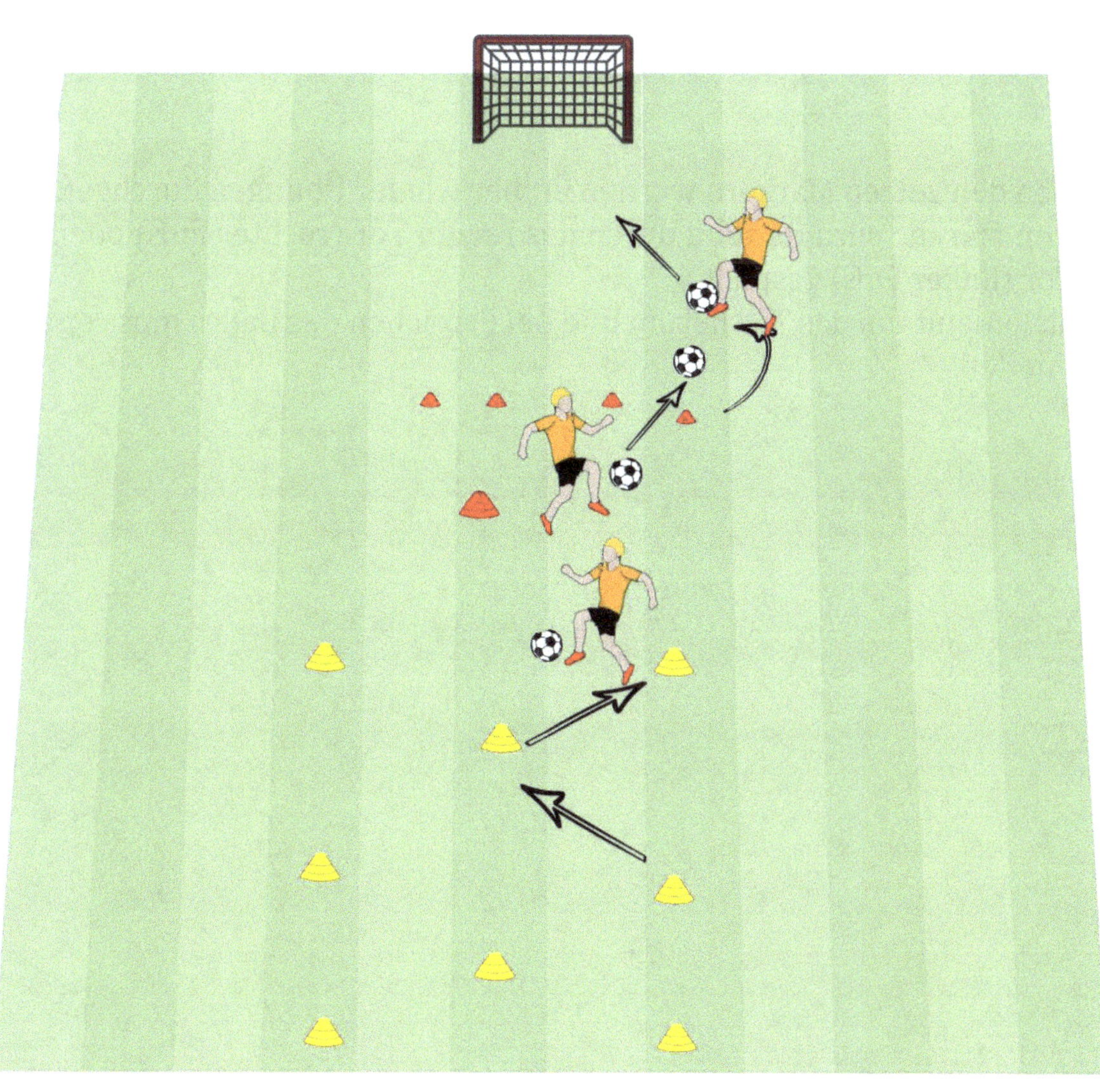

Übungsform 24: „Zickzack Teil 3“

Organisation
Wie bei Übung 22.
Zusätzlich werden jeweils zwei kleine rote Tore aufgestellt.

Zeit: 20 Minuten

Ablauf
Zwischen den gelben Markern werden immer wieder Übungen durchgeführt.
Am roten Marker wird der Ball durch das rechte Tor (rechter Fuß) oder das linke Tor (linker Fuß) gespielt.
Der Spieler läuft um das Tor herum und bei Erreichen des Balles muss er aufs Tor schießen.

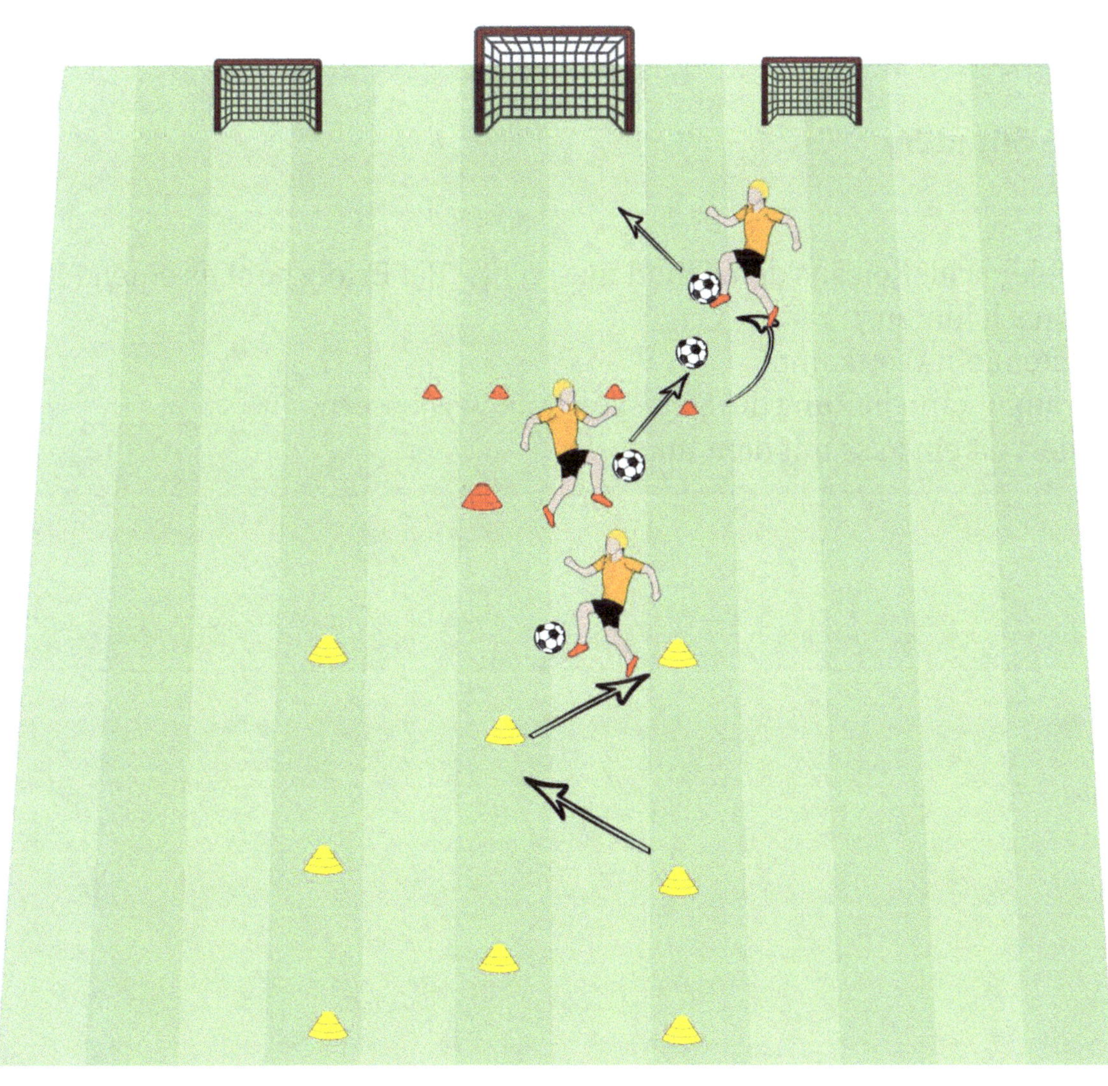

Übungsform 25: „Passen Teil 1“

Technik

Organisation

1-Meter-Tore. Diese werden links, rechts und in der Mitte eines großen Tores positioniert.
3 Teams zu je 4 Spielern im Abstand von einem Meter.

Zeit: 15 Minuten

Ablauf

Die Spieler schießen aus dem Stand mit rechts. Bei Erfolg geht es einen Meter weiter nach hinten.
So entsteht ein Wettkampf.
Der Trainer kann in Ruhe die Schusstechnik verbessern.
Gefordert ist ein Pass mit dem Innenrist.

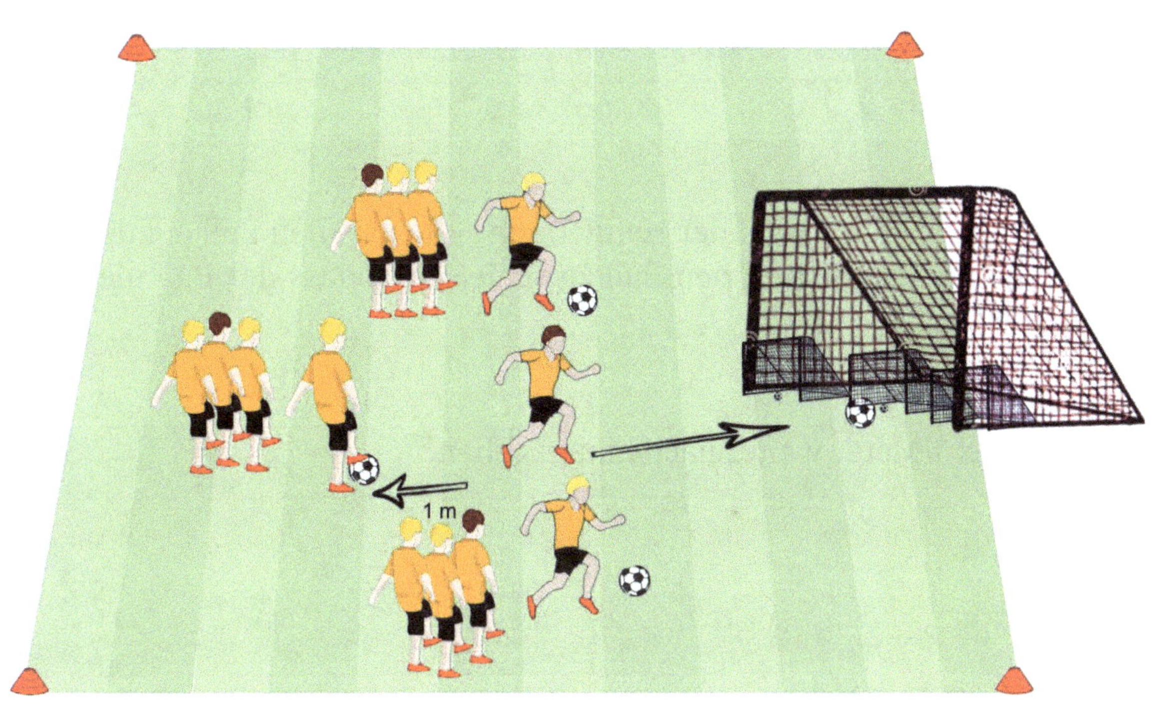
1 m

Übungsform 26: „Latten treffen“

Technik

Organisation

Jeder der 12 Spieler hat einen Ball in der Hand. Die Spieler stehen alle am Fünfmeterraum.

Zeit: 20 Minuten

Ablauf

Die Spieler haben den Ball in der Hand. Dann sollen sie den Ball auf den Fuß fallen lassen und versuchen, den Ball zu schießen, sodass der Ball die Latte oberhalb berührt.

Wettbewerb

Wer trifft, darf 1 Meter weiter nach hinten gehen.

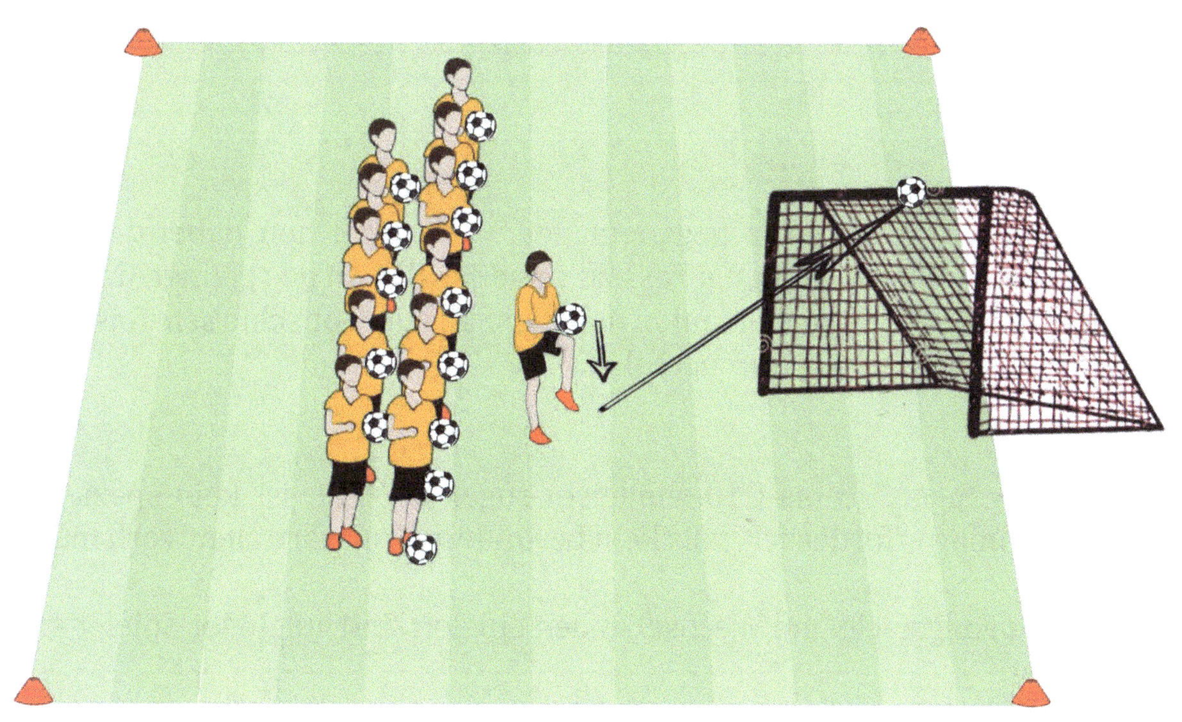

Übungsform 27: „Passen Teil 2"

Organisation
Spielfeldgröße 8m x 8m. Das Feld befindet sich an der Mittellinie.
Dabei geht das Spielfeld jeweils 4m in die eine und die andere Richtung. 4 Spieler treten gegen 4 Spieler an.

Zeit: 5 Minuten

Ablauf
Beide Mannschaften spielen gegeneinander. Sie versuchen dabei den Ball zwischen den Gegenspielern als Pass zu schießen. Wenn das gelingt, darf der am nächsten stehende Spieler laufen und den Ball aufs Tor schießen. Das Spiel wird mit Abseitsregelung durchgeführt.

Torwart
In den Jahrgängen U6 bis U10, vielleicht sogar bis U11, ist kein spezielles Torwarttraining erforderlich, falls kein besonderes Torwarttalent vorhanden ist.
Allgemeine Fangspiele und Wechsel in den Spielen sind gut. Jeder Spieler soll mal ins Tor.
Ab U11 wird dann spezielles Torwartraining angeboten.
Bei Torwarttraining immer beachten: Keinen Ball nach vorne abprallen lassen (Vorlage für die Gegner).

System

Die Bambinis laufen alle dem Ball hinterher. Das kann man so laufen lassen. Der nächste Schritt bei Ballgewinn ist, die Spieler auseinander zu bringen, damit der ballbesitzende Spieler den Ball spielen kann (nach außen oder in die Spitze). Wichtig dabei ist, dass immer alle 6 Positionen (2x beide Außenlinien, 2x Mitte) besetzt sind.

Das Ziel dieser Übung ist: In der Defensive als auch der Offensive halten sich zwei an den Ballführenden, die übrigen decken die gegnerischen Spieler.

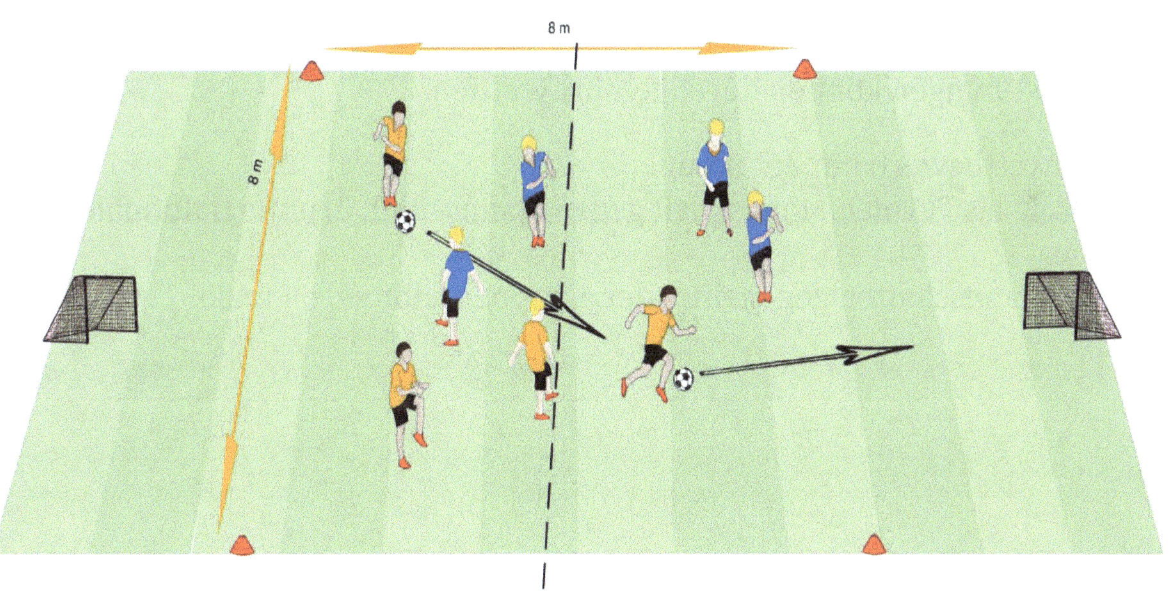

Übungsform 28: „Biathlon“

Organisation

Man kennt Biathlon als Wintersportart, aber man kann es auch auf dem Fußballplatz, für Fußballer umfunktionieren.
3 1m-Tore werden im großen Tor platziert.
Mit Marker wird ein Start und Zielkorridor markiert. Eine Runde zu dem großen Tor und eine Strafrunde neben dem Tor.
Laufrunden sollen altersgerecht sein.

Zeit: 30 Minuten

Ablauf

Verschiedene Übungen können durchgeführt werden.

A) Einzelwettbewerb mit Zeitnahme.
B) Zu zweit, als Turnier, Mannschaft gegen Mannschaft. Gruppe Halbfinale, Finale.
C) Vierermannschaften gegeneinander. Gruppe Halbfinale, Finale.

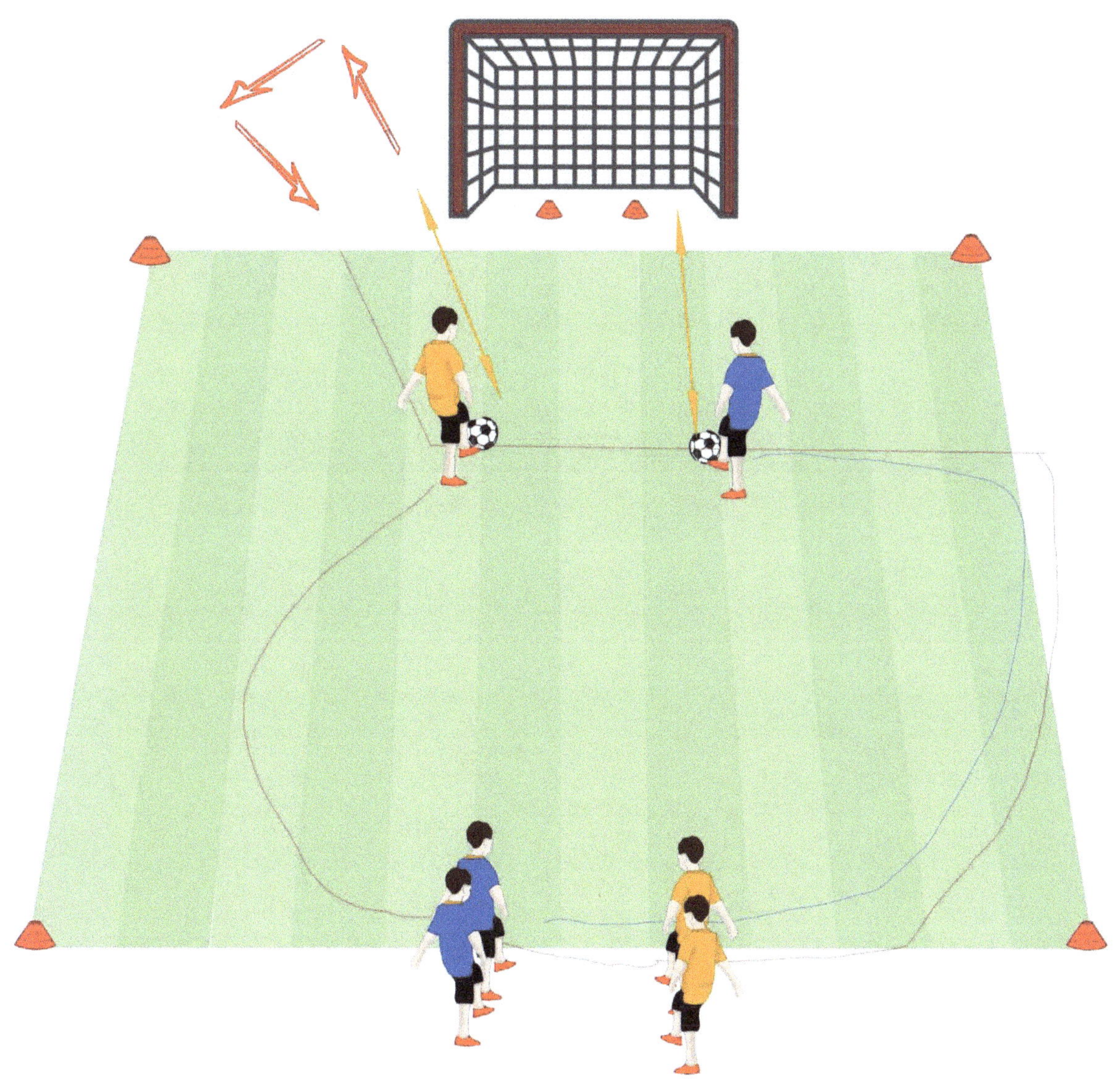

Übungsform 29: „Vor dem Spiel Teil 1“

Organisation
Die Spieler stehen im Kreis nebeneinander.

Zeit: 10 Minuten

Ablauf
Spieler A spielt den Ball zu Spieler C und läuft dann seinem Pass hinterher. Er nimmt dann den Platz von Spieler C ein.
Dann spielt Spieler C zu Spieler F, läuft seinem Pass hinterher und nimmt den Platz von F ein usw.

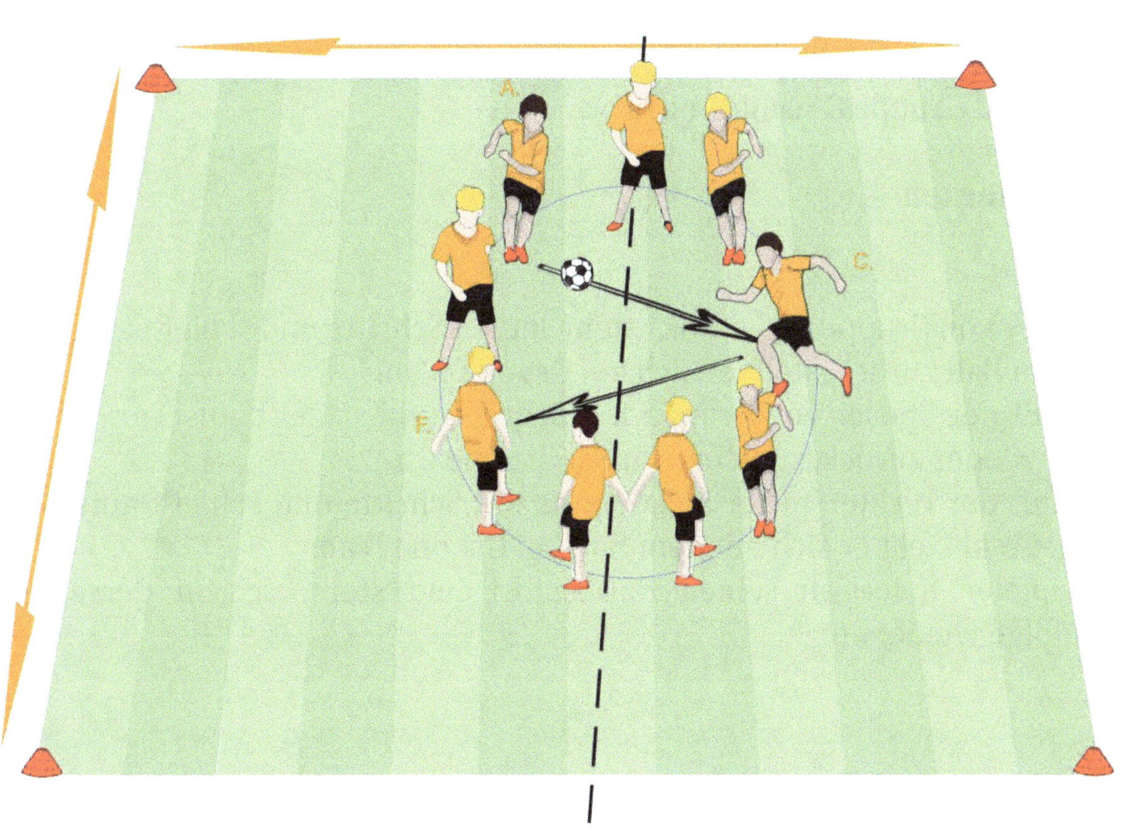
A.
C.
F.

Übungsform 30: „Tor schießen“

Organisation

Der Torwart steht im Tor. 9 Spieler haben einen Ball am Fuß und stehen 10 Meter vom Tor entfernt.
Es werden 3 Gruppen A, B und C gebildet.
Gruppe A steht zu dritt hintereinander links vom Tor, Gruppe B mittig vor dem Tor und Gruppe C rechts vom Tor.

Zeit: 10 Minuten

Ablauf

Der Spieler von Gruppe A, der links steht, läuft 3 Schritte und schießt aufs Tor. Hat er den Ball zurück, stellt er sich bei Gruppe B an.
Dann läuft der Spieler von Gruppe B 3 Schritte und schießt aufs Tor. Hat er den Ball wieder zurück, stellt er sich bei Gruppe C an.
Dann läuft der rechte Spieler aus Gruppe C 3 Schritte und schießt aufs Tor. Anschließend stellt er sich mit dem Ball bei Gruppe A an.
Jeder Spieler holt sich seinen Ball selbst und stellt sich in derselben Reihenfolge wieder an.

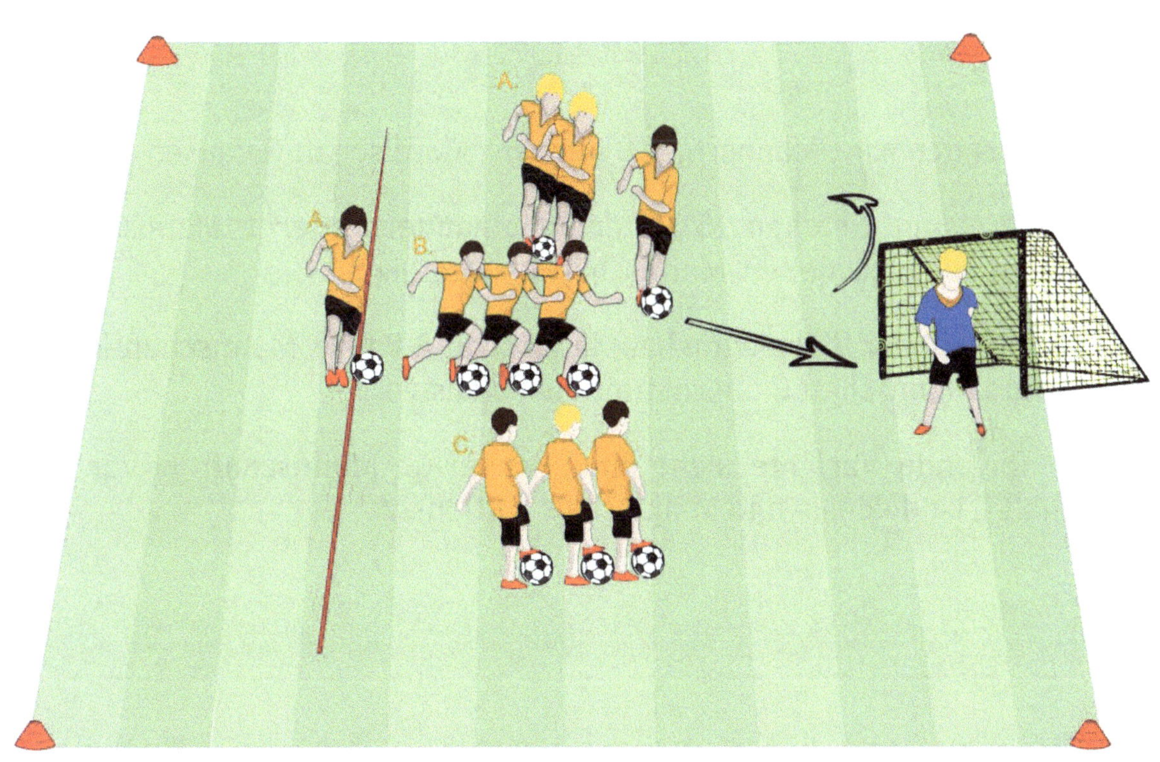
A.
A.
B.
C.

Übungsform 31: „Vor dem Spiel Teil 2“

Organisation
3 Teams A, B, C zu 3 Spielern haben jeweils einen Ball.

Zeit: 6 Minuten.

Ablauf
Mannschaft A defensiv, Mannschaft B offensiv, Mannschaft C Pause.

Mannschaft A und B stehen 15 Meter voneinander entfernt. Mannschaft B versucht ein Tor zu schießen. Mannschaft A verteidigt.

Nach Torschuss oder Ballgewinn hat Mannschaft A Pause. Mannschaft B wird defensiv und Mannschaft C übernimmt die Offensive.

Die nun folgende Variante sieht eine Pause für Mannschaft B vor. Die Mannschaft C ist defensiv und Mannschaft A offensiv.

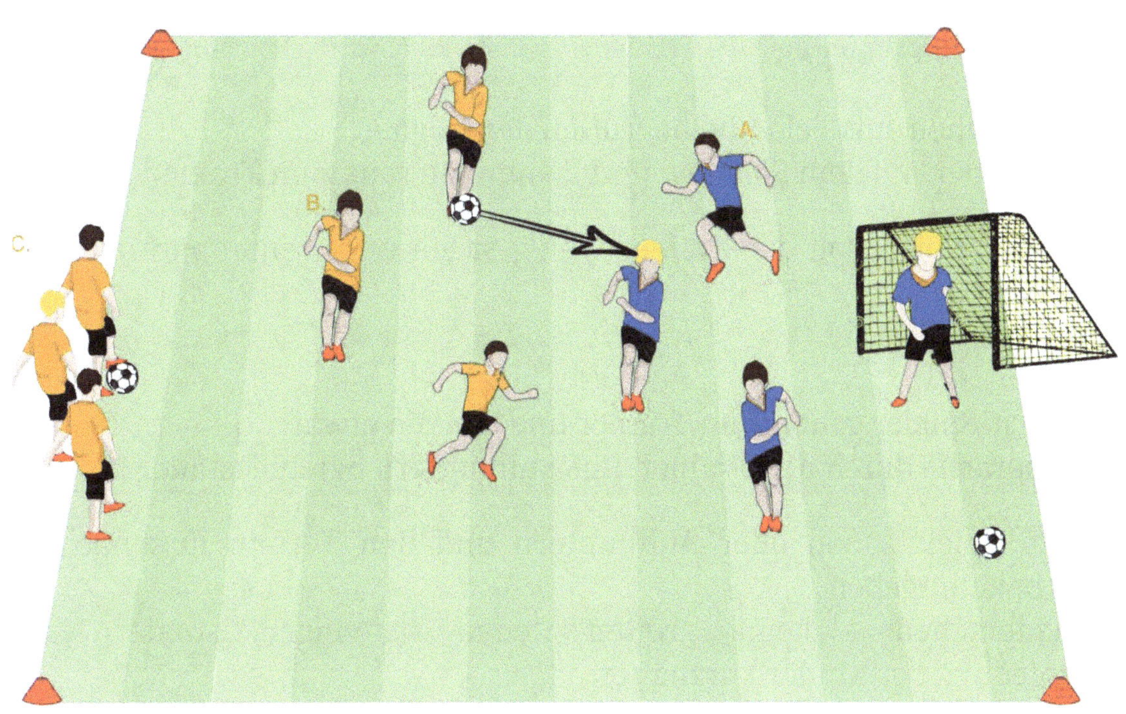
A.
B.
C.

5 Minuten vor Spielbeginn

Organisation
Die Spieler gehen Trinken, stellen ihre Flaschen an den Rand und dürfen kurz zu ihren Eltern.
Sie kommen dann zu ihrem Trainer zurück der ihnen den Satz „Habt ein gutes Spiel“ mit auf den Weg gibt.

Alle Spieler gehen aufs Feld und begrüßen den Gegner.
7 Spieler bleiben auf dem Spielfeld und 2 kommen raus zum Trainer.

Während des Spiels soll der Trainer wenig sagen und wenn dann nur Lob aussprechen.

Halbzeit:
Keine Eltern. Spieler gehen zum Trainer und trinken etwas.
Kurze Ansprache durch den Trainer. Ggf. aufmuntern bei Rückstand.

Nach dem Spiel: Loben oder Aufmuntern und den Termin fürs nächste Training bekanntgeben.
Auf Wiedersehen – keine großen Reden schwingen, sondern die Verabschiedung der Kinder kurzhalten.

Schlussteil
Beim Abschlussspiel können mehrere Aufgaben erfüllt werden.
Dies sollte aber nur ein Drittel der Zeit in Anspruch nehmen. Die anderen zwei Drittel sollen die Spieler selbst und ohne Kommentar spielen. So kann der Trainer beobachten, was seine Spieler ad hoc anbieten und was nicht. Was noch nicht gut funktioniert hat, muss besprochen werden und in die nächsten Trainingseinheiten einfließen.

Das Abschlussspiel

Organisation
Normales Spielfeld wie im Ligabetrieb.
2 Mannschaften zu jeweils 6 Spielern mit Torwart, die alle spielen sollen.

Zeit: 30 Minuten

Ablauf
Normales Spiel

Variation
Ein Tor, das mit dem schwachen Fuß erzielt wurde, ergibt 2 Punkte. Ein Tor, das mit einem Kontakt erzielt wurde, ergibt ebenfalls 2 Punkte.

Torwart
In diesem Alter muss nicht unbedingt ein Torwart ausgebildet werden. Sinnvoll ist es, wenn jeder Spieler einmal ins Tor geht.
Wie bei vielen Bereichen bestätigen auch hier Ausnahmen die Regel. Es gibt Torwart-Talente. Hat man diese erkannt, sollen diese bei Technikübungen öfters als Spieler agieren, denn nicht nur in der heutigen Zeit muss ein Torwart auch mit dem Ball spielen können („mitspielender Torhüter").

Kleine freie Spiele
Beim Training und bei den späteren Spielen kommt den Eltern eine wichtige Bedeutung zu. Sie sind immer emotional dabei, was ein ganz normales Verhalten ist. Jedes Elternteil will den Sohn oder die Tochter gut spielen sehen.
Von der U6 bis zur U10 wird ohne Schiedsrichter gespielt. Die Trainer müssen sich dabei zurückhalten und während eines Spiels keine Schiedsrichterentscheidungen treffen. Das machen die Kinder in den entsprechenden Situationen selbst.
Sinn dahinter ist der Spaßfaktor. Es gibt keine Probleme und bereitet den Kindern Freude.

Test 1: „30-Meter-Sprint“

Die Spieler müssen 30 Meter Laufen, während die Zeit gestoppt wird.
Am Start stehen zwei rote Hütchen mit drei Meter Abstand. Mittig von diesen Hütchen steht der Spieler und läuft auf Kommando 30 Meter.
Das Ziel steht geradeaus 30 Meter entfernt gekennzeichnet mit zwei roten Hütchen.
Eine gedachte Linie ist das Ziel.
Dort steht der Trainer und misst die Zeit.

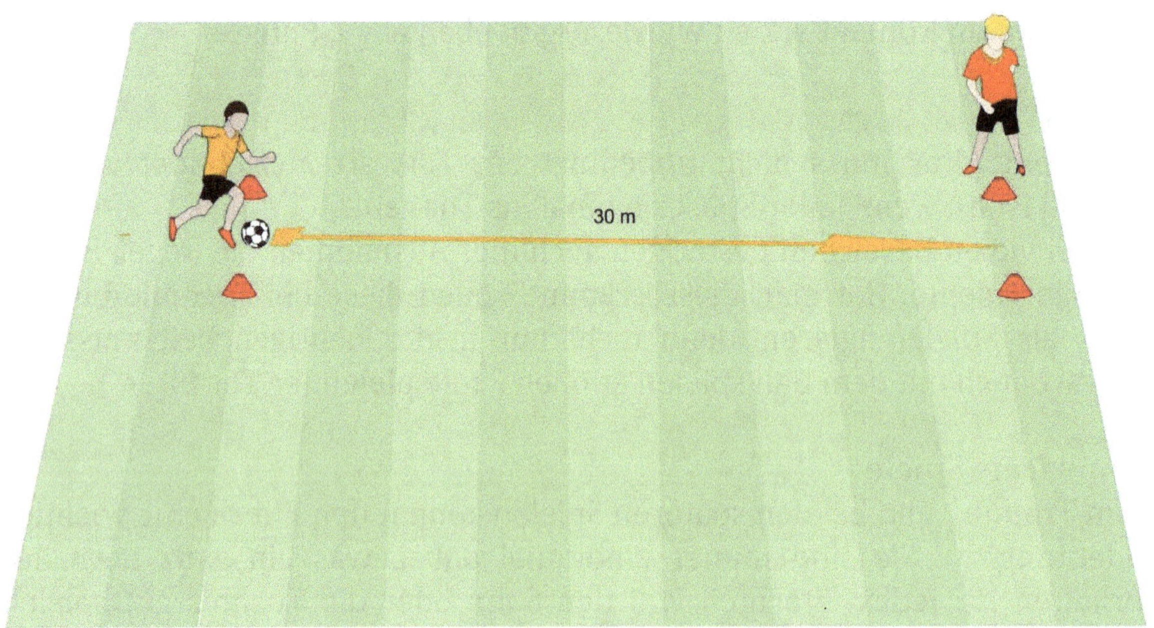

Test 2: „Jonglieren“

Aufbau:
4 rote Hütchen 8 Meter auseinander im Viereck.

Ablauf:
Ein Spieler geht ins Viereck und versucht so lange wie möglich zu jonglieren. Fällt der Ball auf den Boden, wird die Zahl der gültigen Kontakte festgehalten. Alle anderen Spieler üben Jonglieren. Ein Spieler nach dem anderen geht ins Viereck und jongliert.
Jeder Spieler darf zwei Mal ins Viereck. Die höhere Anzahl der Berührungen wird aufgeschrieben.

Ziel:
Erreichung einer besseren Anzahl in drei Monaten.

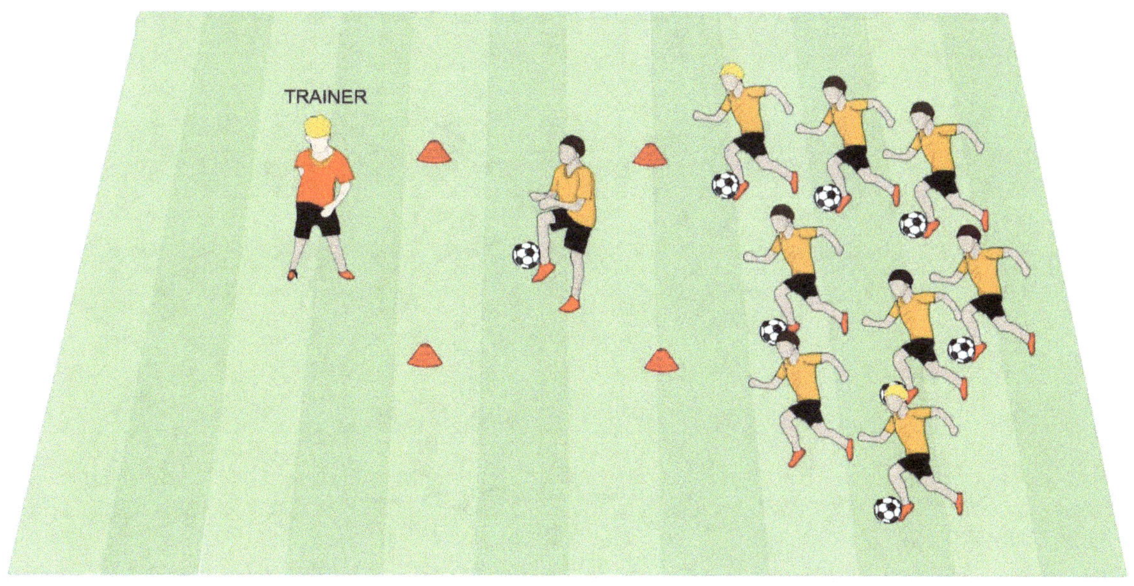

Test 3: „Dribbelparkour"

Rechts an der Ecke des Fünfers stehen zwei rote Hütchen. Das ist die Startlinie.
Die Spieler laufen zick zack durch die gelben Hütchen bis zur Ecke vom Sechszehner. Nach zwei Metern liegt ein Reifen, dahinter ein weiterer Reifen. Der Spieler muss einen Reifen links umkreisen dann beim Nächsten rechts laufen, dann zur Mitte des Sechszehners von der Ecke zur Fünfer Linie. Zurück zum Ziel, mit Ball.

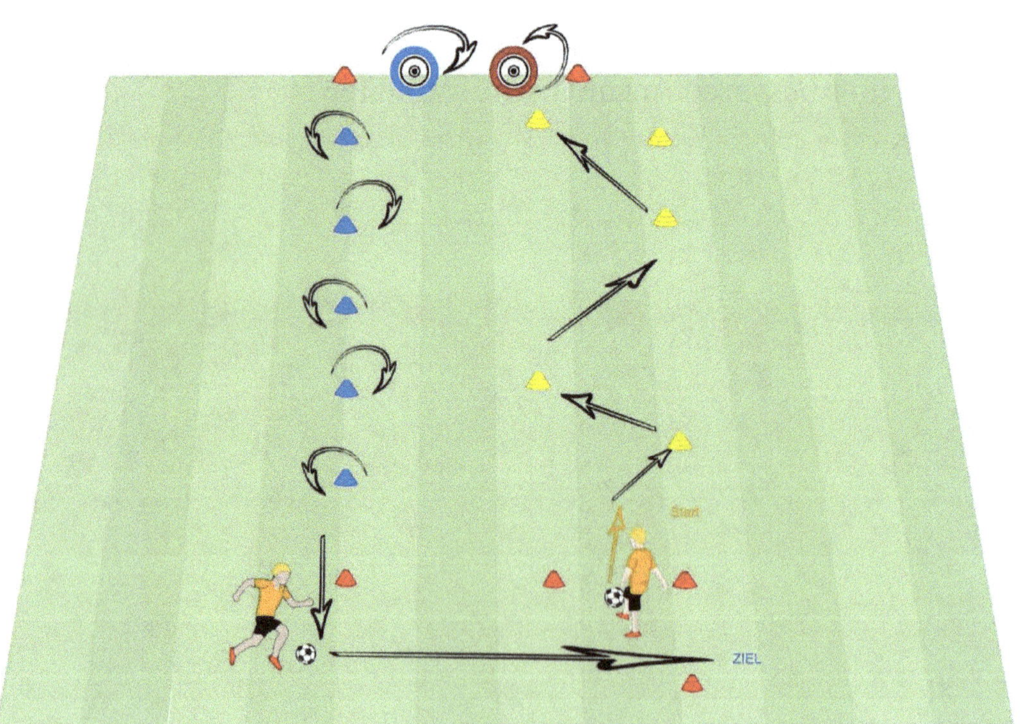

Test 4: „Dreiecklauf“

Wie beim Dribbelparkour beginnt man in der rechten Ecke des Fünfers. Dort stehen zwei rote Hütchen.

Die Spieler laufen einzeln von der Ecke des Fünfers (Start) nach rechts 45 Grad bis zur Linie des Sechszehners, anschließend 45 Grad nach links bis zur Linie vom Sechszehner, von dort auf der Linie geradeaus bis zur Mitte, Höhe Elferpunkt.
Von dort nach links 45 Grad, rotes Hütchen umlaufen, 45 Grad nach rechts zum Fünfer.
Auf Fünfer zurück zum Ziel wird ohne Ball getestet, kann aber auch mit Ball gelaufen werden.

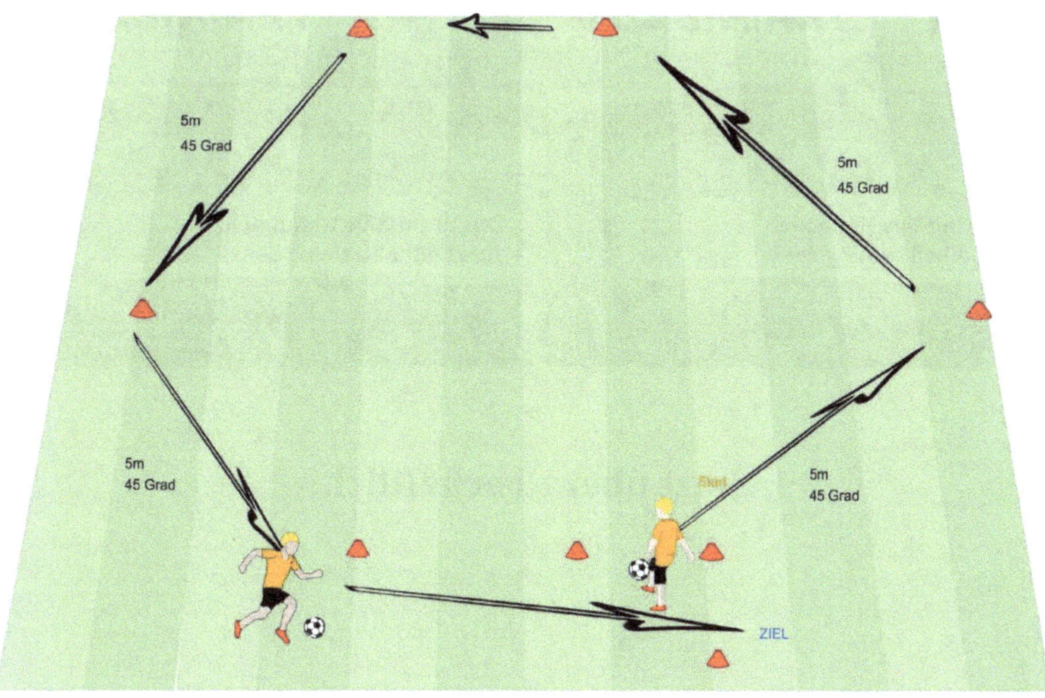

Entdecken Sie weitere Fußball-Handbücher von Dieter Paffrath!

Ideales Fußballtraining für jede Altersklasse!

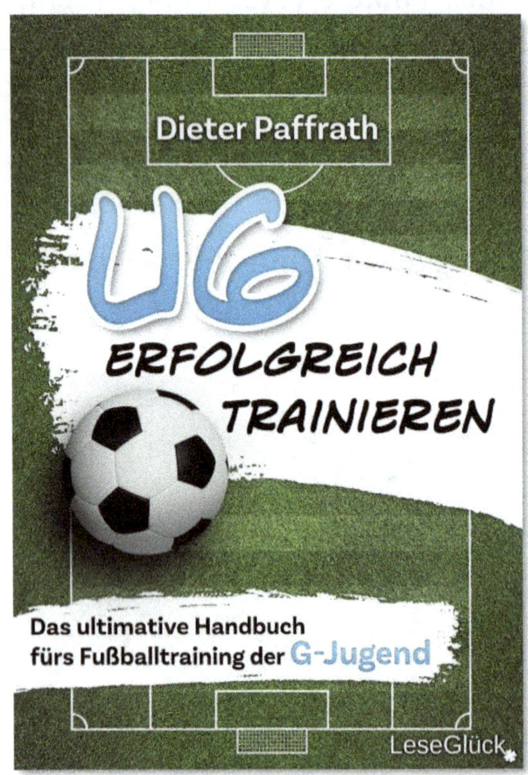

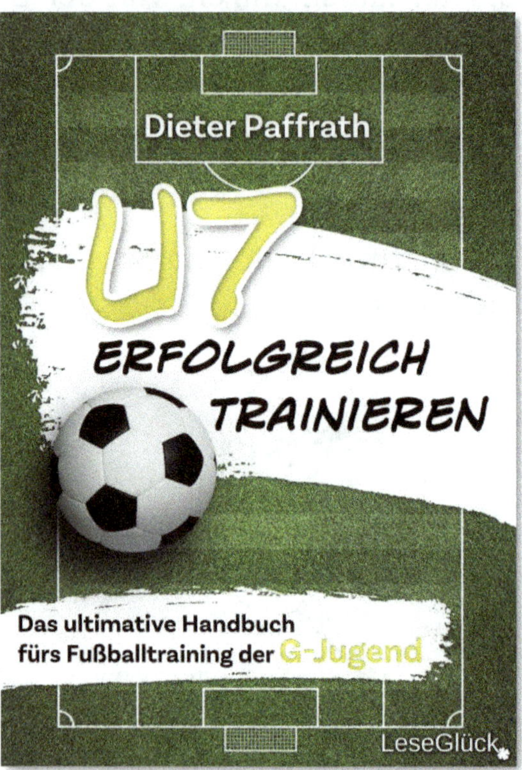

Jetzt überall erhältlich!

Ihre Zufriedenheit ist unser Ziel!

Liebe Leser, liebe Leserinnen,

hat Ihnen unser Buch gefallen? Haben Sie Anmerkungen für uns? Kritik? Bitte zögern Sie nicht, uns zu schreiben. Wir werden jede Nachricht persönlich lesen und beantworten.

Schreiben Sie uns: info@ek2-publishing.com

Bitte nehmen Sie sich einen Moment Zeit und bewerten Sie dieses Buch auf Amazon. Viele positive Rezensionen führen dazu, dass das Buch mehr Menschen angezeigt wird.

Sie können somit mit wenigen Minuten Zeitaufwand unserem kleinen Familienunternehmen einen großen Gefallen tun. Vielen Dank für Ihre Unterstützung!

Impressum

Eine Veröffentlichung der EK2-Publishing GmbH
Friedensstraße 12, 47228 Duisburg
Handelsregisternummer: HRB 30321
Geschäftsführerin: Monika Münstermann

E-Mail: info@ek2-publishing.com
Website: www.ek2-publishing.com

Autor: Dieter Paffrath
Cover/Umschlag: Renee Rott
Lektorat: Eduard Krisan
Buchsatz: Eduard Krisan

1. Auflage, August 2024

www.ingramcontent.com/pod-product-compliance
Lightning Source LLC
LaVergne TN
LVHW061939220826
846092LV00008B/1068

* 9 7 8 3 9 6 4 0 3 3 7 9 6 *